KB188837

52주 책별 성경공부 | 성경나무 기르기 제5권 |

구 약

|

대예언서 편

52주 책별 성경공부 | 성경나무 기르기 제5권 |

[구 약] 대예언서 편

지 은 이 · 노영상
펴 낸 이 · 성상건
편집디자인 · 자연DPS

펴 낸 날 · 2023년 10월 5일
펴 낸 곳 · 도서출판 나눔사
주 소 · (우) 10270 경기도 고양시 덕양구 푸른마을로 15
301동 1505호
전 화 · 02)359-3429 팩스 02)355-3429
등록번호 · 2-489호(1988년 2월 16일)
이 메 일 · nanumsa@hanmail.net

ISBN 978-89-7027-917-6 03230

값 5,000원

52주 책별 성경공부 |성경나무 기르기 제5권|

구 약

ㅣ

대예언서 편

노영상(바이블아카데미 총장) 저

나눔사

목 차

추천의 글 / 영락교회 김운성 목사 (사단법인 한국미디어선교회 이사장) _7

〈공부방법 소개〉 _10

열아홉째 주 / 이사야: 전지구적 샬롬의 선교 _15

스무째 주 / 예레미야, 예레미야애가: 마음의 변혁을 통한 사회변혁 _31

스물한째 주 / 에스겔: 나를 여호와인 줄 알리라 _53

스물둘째 주 / 다니엘: 성도가 받는 고난과 하나님의 위로 _71

영락교회 김운성 목사(사단법인 한국미디어선교회 이사장)

노영상 바이블아카데미 총장의 성경 공부 시리즈 책의 발간을 축하드립니다. ㈔한국미디어선교회 바이블아카데미의 총장으로 있으며 본 성경 공부 시리즈를 출간하게 되어 나름 큰 의의가 있다고 생각합니다. 바이블아카데미는 1982년에 설립되어 41년 동안 꾸준히 활동해온 전통 있는 온라인 성경 공부를 위주로 하는 기관입니다. 특히 지난 3년여간 코로나19의 힘든 시절을 겪으며 한국교회가 예배의 모임도 어려운 시기를 지나면서, 온라인으로 이런 한계상황을 극복하려 노력하였습니다. 이러한 때 바이블아카데미의 온라인 성경공부가 한국교회에 작은 힘이 되었는바, 교회에서의 모임들이 어려웠지만 집에서 성경을 공부하는 기회를 만들어주기도 했습니다.

지난 동안 본 기관은 온라인 성경공부 위주로 성경공부를 활성화하는 일에 노력하였는데, 앞으로는 성경공부를 보다 다양하게 할 수 있도록 준비하는 중입니다. 이전까지는 주로 온라인 성경공부에 치중하였지만 최근 들어 오프라인 성경공부 과정도 마련하였습니다. 제가 담임목회자로 있는 영락교회의 50주년기념관에서 한국의 저명 신학자들과 함께 하는 성경공부를 하고 있는데, 매주 성경의 한 권씩 마스터하는 과정입니다. 임석순 목사, 최원준 목사, 노영상 총장, 조병호 원장, 왕대일 교수, 송태근 목사, 최재덕 원장, 류호준 교수, 송병현 교수, 차준희 교수, 강성열 교수, 조광호 교수 등이 강사로 참여하고 있는 본 강좌는 오늘의 시대에 있어 가장 무게감 있는 성경공부 모임일 것이라 생각합니다. 현재 진행 중인 이 공부의 내용을 동영상으로 만들어 기존의 온라인 성경공부와 함께 다른 한 세트의 성경공부를 준비 중에 있는데 많은 관심을 부탁드립니다.

다음으로 본 기관에선 성경공부를 위한 책들의 발간을 기획하는 중이며, 그의 일환으로 본 책을 내놓게 되었습니다. 나눔사에서 성경공부 교재로서 노영상 총장의 『성경 나무기르기』 시리즈들이 계속 출간할 예정인데 앞으로 10권까지 기획하는 중입니다. 이 책은 성도들이 그룹으로 공부하기 편리하게 편집된 책으로 많은 교회에서 사용되길 바라고 있습니다.

마지막으로 본 기관에선 목회자들과 평신도들이 성경을 재미있게 이해할 수 있도록 돕는 웹진과 독자적 성경공부를 위한 웹사이트를 만들어 스스로 성경 연구를 할 수 있는 역량을 길러 주려는 기획을 하고 있습니다. 미국에서 만들어진 이런 계통의 많은 웹사이트들이 있는데, 이를 참조하고 링크하여 독자적 성경공부가 가능할 수 있도록 하려는 것입니다.

저희 바이블아카데미는 오늘의 한국교회를 새롭게 하는 데에 있어 가장 중요한 것이 성경으로 돌아가는 것이라 생각하고 있습니다. 이단이 난무하고 세상이 어지러워질수록 성경만이 이런 혼돈에서 우리를 구출할 수 있습니다. 이에 성경이 말하려는 핵심이 무엇인지를 쉬이 깨달을 수 있도록 우리를 잘 인도할 수 있는 책이 필요한데, 이 『성경 나무기르기』가 그러한 역할을 할 수 있는 책들 중 하나라 생각합니다. 한국교회는 성경을 파들어가는 사경회의 전통에서 성장한 교회입니다. 다시 한번 성경에 천착하는 교회가 됨으로 우리 교회의 밝은 미래를 바라볼 수 있으면 합니다.

<공부방법 소개>

본 책의 제목은 『52주 책별 성경공부: 성경 나무 기르기』이다. 나무 한 그루를 정성껏 키우듯, 성경의 각 책들을 52주에 나누어 배울 수 있도록 구성한 책이다. 이 책은 성경의 각 책들을 다음의 구성을 통해 정리하였다.

1) **씨알 고르기:** 씨알 고르기 및 씨 뿌리기의 이 단계는 각 책의 요절과 주제를 찾는 작업이다.

2) **뿌리내리기:** 위에서 검토된 주제를 신학적으로 심화하는 작업이다. 주제에 대한 깊이 있는 반성이 이 부분에서 수행되어질 것이다.

3) **줄기 세우기:** 이 부분은 성경의 각 책들에 대한 문단 나누기로 구성되어 있다. 주제에 따른 전체 흐름의 전개를 정리한 부분이다.

4) **가지 뻗기:** 기본 줄기에서 발전된 문제들과 파생된 지류들을 이 부분에서 검토할 것이다.

5) **꽃으로 피어나기:** 각 책에서 가장 클라이맥스가 되는 장면 또는 구절을 소개하는 부분으로 각 성경의 책들이 우리에게 주는 핵심 메시지를 다시 정리하였다.

6) **열매 맺기:** 이 부분에서는 위의 내용을 우리의 실생활에 적용하는 측면을 다룰 것이다.

7) **열매 나누기:** 위의 성경공부 내용을 음미하고 기도하는 부분이다. 5개의 질문을 통해 서로 논의하는 시간을 가질 수 있게 하였다.

8) **참고문헌:** 각 책을 공부하는 데에 있어 요긴한 국내 참고문헌 3-4권, 외국 참고문헌 3-4권씩을 마지막에 소개하였다. 석의적인 주석책들보다는 신학적 주석책들을 선호하였다. 더 깊은 연구를 위해 참고가 될 것이다. 이곳의 참고문헌들은 대부분 장로회신학대학교의 도서관에서 찾을 수 있다

9) **기타 물주기, 비료 주기, 햇볕 받기:** 나무가 열매를 맺으려면 씨만 있으면 되는 것이 아니다. 씨가 뿌려지는 토양, 하늘의 비와 햇빛 그리고 때에 맞은 손질과 비료 주기 또한 필요하다. 우리의 상황과 그에 따른 경험에 대한 분석, 성령의 영감, 여러 주석 및 다른 서적들에 대한 참조, 관련 신학적 주제들에 대한 연구 등은 우리의 성경공부를 더욱 풍성하게 할 것이라 생각한다.

필자는 본 성경연구에서 그 책들과 성경의 저자들의 장황한 역사적 배경과 삶의 자리에 대한 설명을 하지 않았다. 오히려 현재의 모습으로 완결된 정경이 오늘을 사는 우리에게 주는 의미가 무엇인가 하는 문학비평적 입장을 중시하였다. 또

한 필자는 성경을 읽고 연구하면서 가급적 그 책에 대한 선입견을 버리고 백지의 상태에서 성령의 도움을 바라며 성경을 읽으려 하였다. 나의 생각을 성경 속에 주입하는 것이 아니라, 성경이 말하는 바를 듣는 자세로 성경을 꼼꼼히 읽은 결과가 본 책이다.

먼저 성경 각 책의 주제를 추려낸 후 저자들이 그 주제를 각 성경의 책들에서 어떻게 전개하였는가를 검토하는 것에 본 책의 주안점을 두었다. 물론 각 책을 위해 설정된 주제에 대해 의견을 달리할 수도 있을 것이라 생각한다. 이에 이 책의 내용이 다양한 주제의 가능성을 어느 한 시야로 고정하는 것이 아닌가 하는 우려도 없는 바는 아니다.

또한 뒤에 몇몇의 참고문헌 목록을 덧붙였다. 지난 수십여 년간의 한국의 신학대학들에서 성경의 각 책들에 대해 연구한 석박사 학위논문들이 그 안에 많이 포함된 것을 볼 수 있을 것이다. 물론 이러한 모든 참고문헌들을 필자가 충분히 읽은 것은 아니며, 다만 필자가 각 책에서 논의하는 방향에 도움이 되는 자료들이므로 게재한 것이다. 그 참고문헌 중에 포함된 주석들 중에는 필자가 각 책에 있어 가장 중요하다고 생각하며 좋아하는 주석 한두 개 정도가 실려 있다. 나로서는 그 책들의 베스트 주석이라고 생각하는데, 다른 사람들의 의견은 어떨지 모르겠다. 노력하는 성경공부반이라면 위의 참고문헌의 자료들을 몇몇이 나눠 세미나를 통해 발표해가며, 필자의 의견과 비교하면서 성경공부를 해나가면 더욱 유용한 결과를 얻을 수 있을 것이라 생각한다.

본 책을 공부할 땐 먼저 지도자의 설명을 포함하여 1시간 정도 함께 읽고 난 후, 30-40분 정도 시간을 내어 서로 토의하면 좋을 것이다. 강의 시 괄호 속의 성경 구절들을 성경을 펴서 함께 읽으면 공부가 더 효과적일 것이다. 토의 시엔 '열매 나누기' 부분의 토의안들을 참조할 수 있겠다. 토의는 각 조로 나누어 하면 효율적일 것이라 본다. 6-7명 정도가 한 조가 되어 30-40분간 각 구성원이 3번 이상 말할 기회를 가질 수 있으면 좋겠다. 1년간 매주 성경공부를 하며 그 주간에 공부하는 책들을 한주 앞서 통독하고 오면 성경공부에 도움이 될 것으로 보며, 그렇게 함으로 1년에 한 번의 성경통독을 할 수 있는 기회를 갖게 될 것이다.

이 책은 미국의 아틀란타연합장로교회, 광주기독병원, 영락교회 대학부, 동신교회 청년3부에서의 성경공부 결과로 만들어진 것이다. 처음에 했던 미국에서의 성경공부는 30년이 지났는바 세월의 무상함을 느낀다. 지난 동안 성경공부에 참석하여 함께 하나님의 말씀을 나누었던 많은 분들께 감사의 말을 전하고 싶다.

성경은 나의 일생의 동반자였다. 필자는 성경 속에서 삶을 배우고, 지혜를 얻었으며, 위로를 찾았었다. 그간 필자에게 큰 힘이 되었던 성경에 대한 연구를 이 같은 작은 책으로나

마 엮어 함께 은혜를 나누게 된 것을 기쁘게 생각한다. 이 책은 2002년 예영커뮤니케이션에서 앞서 출간된 적이 있었는데, 20년이 지나 수정할 부분도 상당히 있어 개정한 다음 분책하여 다시 내놓게 되었다. 앞 책에 대한 전면 개정판으로 보면 될 것이다. 이 책이 초신자 및 신학생들의 성경공부와 기타 여러 성경공부반을 위한 교재로 두루 쓰인다면 그것은 필자의 커다란 기쁨일 것이다. 마지막으로 이 책의 출간을 허락하여 주신 나눔사의 성상건 대표님께 심심한 감사의 말을 전하며 앞머리의 글을 가름한다.

2023년 8월 명일동 집에서

노영상

이사야

전지구적 샬롬의 선교

이사야: 전지구적 샬롬의 선교

신약의 복음서에서 예수 그리스도께서 가장 많이 인용하신 구약성경은 시편이며 그 다음은 이사야서이다. 이사야는 다른 예언서들과 다르게 웅장한 스케일을 갖고 있다. 하나님께서는 모세에겐 민족을 구원하라는 소명을 하나님께서 주셨으나, 이사야에겐 전 인류를 구원하라는 더 큰 소명은 주셨다. 이사야는 당대의 국제문제 전문가로서 처음에는 이스라엘의 안녕을 위해 국제문제에 관심을 가졌지만, 이후 그는 하나님께서는 이스라엘 민족만 다스리는 분이 아니시며 전 인류를 통치하시는 분이시라는 하나님의 세계통치 개념을 말하면서 유대교를 세계화하는 데 일조한다. 더 나아가 이사야는 하나님께서는 세계를 다스리실 뿐 아니라 세계를 구원하시기를 원하는 분으로서 이방 민족에 대한 선교의 가능성을 넓히고 있다. 이러한 이사야가 추구하였던 선교목적이 이사야서에서 산발적으로 나타나는데 우리는 그 내용을 하나님의 구원으로서의 '샬롬'이란 개념 속에 묶을 수 있을 것이다.

1. 씨알 고르기

1) 요절  이사야 49장 6절

"그가 이르시되 네가 나의 종이 되어 야곱의 지파들을 일으키며 이스라엘 중에 보전된 자를 돌아오게 할 것은 매우 쉬운 일이라 내가 또 너를 이방의 빛으로 삼아 나의 구원을 베풀어서 땅끝까지 이르게 하리라."

2) 주제: 전지구적 샬롬의 선교

2. 뿌리내리기

1) 구약에서의 예언서의 위치

대예언서에 들어가기 전 성경 전체에서 예언서의 위치를 한번 생각해볼 필요가 있다. 모세오경은 이스라엘 백성에게 준 하나님의 계명으로, 그것을 지키면 복에 거하게 되고 지키지 않을 경우 벌이 주어짐을 언급한다. 이에 있어 역사서들은 이런 하나님의 명령 준행에 이스라엘 백성들이 얼마나 부족하였는가를 보여준다. 역사서는 이스라엘의 역사가 결국 멸망으로 귀결되는 것을 말하는데, 우리는 구약의 역사를 출애굽(exodus)으로 시작하여 포로 됨(exile)으로 끝나게 됨을 보게 된다. 하나님께서는 그들을 노예 상태에서 해방하셨으나 구약이 끝나며 그들은 다시 원래의 노예 자리로 환원된다. 우리는 역사서에서 이스라엘의 왕들과 백성들의 행태가 하나님의 뜻에서 얼마나 이반 되었는지를 알 수 있다.

이에 반해 예언서들은 이스라엘 백성들이 멸망할 수밖에 없었던 이유들에 대해 분석한다. 그들이 수직적으론 하나님 사랑에 실패하였으며 수평적으론 이웃 사랑에 실패함으로 그런 일이 일어났다는 것이다. 곧 우상숭배와 약자 보호에 대한 실패가 이스라엘 패망의 원인이 되었음을 예언서들은 강조한다. 우리는 역사서에서 국민이 가져야 할 성숙한 신앙과 국가에 대한 이상적인 비전 등을 찾아내기가 쉽지 않다. 역사서에선 왕과 백성들이 얼마나 부족한 존재들이었는가를 깨닫게 되는 것이다. 종국적으로 예언서들은 이러한 이상사회로서의 하나님 나라의 도래를 위해 메시아 곧 예수 그리스도가 오셔야 함을 강조하고 있다.

2) 영성과 비전의 사람 이사야

이사야(B.C. 715-687)는 유다왕 요담, 아하스, 히스기야 때 활동한 예언자다. 열왕기하 18장 5절에 보면 히스기야 왕을 하나님 앞에서의 아주 위대한 왕으로 칭송하고 있는데, 이러한 정치개혁에 이사야도 일조하였을 것이라 생각된다. 열왕기하 19장 35-37절은 이스라엘을 앗수르의 십 팔만 오천 대군으로부터 건져낸 이사야의 기도의 능력에 대해 말하고 있다. 그의 기도로 예루살렘을 포위하였던 산헤립 왕의 군대가 전멸하였다고 성경은 보고하는 것으로 이사야는 위대한 영성을 갖춘 기도의 사람이었다.

이사야는 민족의 운명을 책임지고 일하였던 당시의 대단한 국제문제 전문가였다. 그는 이스라엘의 세계화를 향한 엄청난 비전을 가지고 있었다. "그가 이르시되 네가 나의 종이 되어 야곱의 지파들을 일으키며 이스라엘 중에 보전된 자를 돌아오게 할 것은 매우 쉬운 일이라 내가 또 너를 이방의 빛으로 삼아 나의 구원을 베풀어서 땅 끝까지 이르게 하리라"(사 49:6). 그는 모세가 한 일을 아주 가벼운 일로 보며, 하나님께서는 그에게 더 큰 사명을 맡기셨음을 말한다. 모세의 소명은 한 민족을 구하는 것이었다면 이사야의 소명을 모든 민족을 향한 것이었다.

그의 이 같은 비전은 그의 삶의 진취적 태도에서 비롯된 것으로, 그는 항상 이전의 일에 착목하기보다는 미래를 향해 눈을 돌렸던 자였다. "너희는 이전 일을 기억하지 말며 옛날 일을 생각하지 말라. 보라 내가 새 일을 행하리니 이제 나타낼 것이라 너희가 그것을 알지 못하겠느냐 반드시 내가 광야에 길을 사막에 강을 내리니"(사 43:18-19, 참조: 65:17, 40:28-31).

3) 하나님의 세계경영

그는 하나님을 이스라엘만을 통치하시는 분이 아니라, 전 세계를 통치하시는 분으로 이해했다. "이것이 온 세계를 향하여 정한 경영이며 이것이 열방을 향하여 편 손이라 하셨나니, 만군의 여호와께서 경영하셨은즉 누가 능히 그것을 폐하며 그의 손을 펴셨은즉 누가 능히 그것을 돌이키랴"(사 14:26-27). 이 본문에서 우리는 두 개의 중요한 단어를 간추리게 된다. 하나는 '세계'이며 다른 하나는 '경영'으로 그 두 단어를 합하면 세계경영이 된다. 하나님께서는 이스라엘만을 다스리시는 분이 아니시며 전 세계를 경영하시는 분이시라는 것이다. 그는 이스라엘 안녕을 위해 국제문제에 대한 정보를 수집하기 시작하였는지 모른다. 이사야는 이를 통해 하나님의 계시를 얻게 되는데, 하나님은 이스라엘만의 하나님이 아니며 전 인류를 위한 하나님이란 사실이다(롬 3:29). 아무리 강력한 앗시리아라 할지라도 하나님이 폐하시면 망하는 것으로, 하나님의 통치는 온 이방 민족에까지 이어짐을 이사야는 말하고 있다(사 10:5-7).

그의 이 같은 하나님의 너른 섭리관은 보다 넓은 구원관으로 확장된다. "땅 끝의 모든 끝이여 내게로 돌이켜 구원을 받으라 나는 하나님이라 다른 이가 없느니라"(45:22). 하나님의 구원은 이스라엘의 구원에만 국한될 수 없었으며, 급기야는 세계구원을 향한 하나님의 섭리로 이어지게 된다. 이와 같이 이사야는 유대교를 세계화한 예언자로 그의 이 같은 입장은 신약성경에서 기독교를 세계화한 바울의 입장과 비견된다. 이사야의 신학은 우리로 하여금 온 인류를 향한 선교의 가능성을 열게 하였던 것이다.

3. 줄기 세우기

장절	대구분	장	소구분
1-39장	하나님의 세계통치와 심판	1-12장	유다와 예루살렘에 대한 심판
		7-12장	앗수르에 대한 심판과 앗수르의 멸망에 대한 예언들
		13-23장	여타 이방나라들에 대한 심판의 예언들
		24-27장	궁극의 심판으로서의 주의 날에 대한 예언들
		28-35장	열방에 대한 심판과 장차 올 새로운 왕과 왕국에 대한 예언들
36-39장	이사야와 히스기야의 역사적 경험: 당시 이스라엘의 국제적 정황과 앗수르에 대한 하나님의 심판	36-37장	이사야의 간구를 통해 앗수르 산헤립 왕의 군대 18만 5천 명을 진멸하신 하나님(사 37:36)
		38장	질병으로부터 구원받은 히스기야
		39장	바벨론의 사자들에게 예루살렘의 보물 창고를 보여준 히스기야의 잘못
40-66장	이스라엘의 회복과 위로	40-48장	이스라엘의 구원과 바벨론의 심판에 대한 예언들
		49-57장	이스라엘의 종말적 구원자인 여호와의 종(메시야)의 도래에 대한 예언들
		58-66장	이스라엘의 회개와 이스라엘의 영광스런 미래에 대한 예언들

4. 가지 뻗기

이사야서 45장 21절은 하나님을 세상에 공의 곧 정의를 행하며 구원을 베푸시는 분으로 말한다. 구원이란 전통적인 선교목적과 함께 이사야는 그 구원의 범위 내에 정의의 실현이란 보다 확장된 내용을 포함시키고 있다. 이사야는 이러한 통전적 구원으로서의 선교의 의미를 이사야 52장 7절에서 다시 설명한다. "좋은 소식을 가져오며 평화를 공포하며 복된 소식을 가져오며 구원을 공포하며 시온을 향하여 이르기를 네 하나님이 통치하신다 하는 자의 산을 넘는 발이 어찌 그리 아름다운고." 여기서 산을 넘는 자의 발이란 선교자의 발을 의미하는데, 이사야는 그 선교의 내용을 평화를 공포하고 복된 소식 곧 복음을 선포하는 것으로 말하고 있다. 이에서와 같이 이사야의 선교개념은 복음전도(evangelism)의 좁은 개념에 머물러 있지 않다. 이사야는 보다 넓은 의미의 선교(mission)개념을 채용한다. '사회구원'을 강조하는 진보적인 교단의 선교개념과 '개인구원'을 강조하는 보수적인 입장의 선교개념의 양극화를 이사야는 극복하면서, 이 양자를 통할하는 보다 균형 잡힌 선교개념을 우리에게 보여준다.

이에 있어 그는 당시의 일반 유대인과는 다른 포괄적인 구원관을 가지고 있었다. 하나님의 말씀과 영이 이 땅에 충만하게 되는 것, 범세계적인 정의와 평화를 구현하는 것, 그리고 오늘의 피폐된 환경이 새로워지는 것을 포함하는 샬롬의 구원관을 그는 제시하였다(11:1-9, 2:2-4, 35:1-12). 이사야는 일종의 통전적 구원관을 가지고 있었던 것이다(52:7).

신학자들은 히브리어 샬롬의 개념을 하나님과 인간, 인간과 인간, 인간과 자아, 인간과 자연 등 제반 관계에 있어서의 온전함으로 설명한다. 이사야는 이런 통전적 샬롬의 구원관을 갖고 당시의 세계구원 문제를 접근하였는데, 성경 가운데 '샬롬'은 평안, 평화, 평강, 평안 등으로 번역되는바, 이런 샬롬의 다차원적인 내용을 성경 전체를 통해 다시 간추리면 다음의 표와 같다.

	다양한 차원	제반 관계	연결된 개념	관련 성구
1	종교적인 차원	하나님과 인간의 관계	영적 구원 우리의 영혼을 죄와 사망으로부터 구원	사 11:2, 사 38:17
2	사회적인 차원	인간과 인간	사회적 해방 (사회정의)	사 11:4-5
3	국제적인 차원	국가와 국가	민족 간의 평화 전쟁의 종식과 전쟁에서의 생명 보존	사 2:4-5, 전 3:8, 시 55:18
4	육체적 차원	몸과의 관계	질병의 치유가 샬롬	사 57:19, 렘 33:6
5	경제적 차원	경제적 삶과의 관계	경제적 풍요	대상 4:40, 시 147:14
6	인간관계적 차원	인간관계	인간관계의 회복	왕상 5:12
7	심리적인 차원	인간과 그 자신의 자아	마음의 평안과 행복한 상태에 있는 인간의 모습	시 122:7, 시 29:11
8	생태적인 차원	인간과 자연	창조의 보전	사 11:6-9

5. 꽃으로 피어나기

그러면 이러한 샬롬의 구원은 우리 자신의 노력을 통해 이루어지는 것인가 질문해본다. 이사야는 그렇게 말하지 않는다. 샬롬의 구원은 하나님의 힘이 아니고는 이루어질 수 없다. 아래의 본문은 평강의 왕이신 예수 그리스도가 이 땅에 오셔서 새로운 샬롬의 나라로서의 하나님의 나라를 이루실 것인데, 그것을 이루시는 것은 인간의 노력에 의한 것이 아니며 '여호와의 열심'임을 이사야 9장 6,7절은 언급한다.

> 이는 한 아기가 우리에게 났고 한 아들을 우리에게 주신 바 되었는데 그의 어깨에는 정사를 메었고 그의 이름은 기묘자라, 모사라, 전능하신 하나님이라, 영존하시는 아버지라, 평강의 왕이라 할 것임이라. 그 정사와 평강의 더함이 무궁하며 또 다윗의 왕좌와 그의 나라를 굳게 세우고 지금 이후로 영원히 정의와 공의로 그것을 보존하실 것이라 만군의 여호와의 열심이 이를 이루시리라.

이사야서에는 42:1-4, 49:1-6, 50:4-9, 52:13-53:12의 네 번에 걸쳐 시로 된 '야웨(여호와)의 종의 노래'가 나온다. 이사야는 이 종의 노래에서 그의 선교계시의 정점에 이르고 있다. 이 본문들은 야웨의 종(히브리어로 '에벧 야웨')의 역할에 대해 말하는 바, 그 야웨의 종이란 집단적인 의미와 개인적인 의미 모두를 가지고 있다고 보아야 할 것이다. 그 야웨의 종이란 집단적으로 이스라엘 백성이나 오늘의 교회를 말하는 것일 수도 있으며, 신자 개인이나 이사야가 대망한 메시야 예수 그리스도일 수도 있다. 그 야웨의 종은 야웨의 영에 충만하여 그의 말씀을 가지고 세계를 향해 나아가 모든 사람에게 샬롬을 가져오는 야웨의 선교자를 표상한다. 그 종은 당시를 위해 불려짐과 동시 미래에 있어 불려진 인물이기도 하다. 이러한 야웨의 종의 역할은 평강의 왕 예수 그리스도의 오심을 통해 완전한 형태로 성취되어진다고 이사야는 말한다. 야웨의 종으로서의 샬롬의 선포와 선교의 역할은 최종적으로 그리스도의 사역 안에서 완성되는 것이다.

그러므로 우리 기독교인의 역할은 선교의 주체로서의 역할이 아니며, 하나님께서 하시는 일을 증언하고 그의 명령에 따라 일하는 증인과 종으로서의 역할을 가진다(43:10, 42:1-4). 그러나 하나님께서 이러한 샬롬의 구원을 이루신다고 하여, 우리는 노력하지 않고 침묵만 지켜서는 안 된다. 우리는 좋은 소식을 가져오며 평화를 공포하여야 할 사명을 갖고 있다(52:7). 선교에 있어 우리가 하여야 할 일이 있는데 주체자인 하나님의 사역을 증거하고 그 하나님의 선교에 동참하며 일이다. 하나님이시며 인간이신 예수 그리스도가 평강(샬롬)의 왕으로 묘사되는데, 그를 통해 인류는 새로운 빛을 보게 된다는 것이다. 그러한 신-인간이신 예수 그리스도 안에서 우리는 하나님의 이 세상을 향한 사역에 참여하게 되는 것으로, 하나님께서는 우리를 그의 사역을 위해 불러 세우시고 계신다. "일어나라 빛을 발하라. 이는 네 빛이 이르렀고 여호와의 영광이 네 위에 임하였음이니라"(60:1).

이사야는 우리가 고난과 희생을 감수하여서라도 하나님의 선교에 참여할 것을 강조한다. 그는 하나님 안에서의 세계구원의 비전을 봄과 동시, 그와 병행되는 이스라엘의 멸망에 주목한다. 세계는 구원되는 데 이스라엘은 왜 망하는가라는 질문을 하면서 이사야는 하나의 해석을 하고 있다. 곧 세계구원을 향한 이스라엘의 고난받음으로의 해석이다. "그는 실로 우리의 질고를 지고 우리의 슬픔을 당하였거늘 우리는 생각하기를 그는 징벌을 받아서 하나님에게 맞으며 고난을 당한다 하였노라"(53:4). 그는 이스라엘 백성들과 예수 그리스도의 고난을 세계구원을 향한 소명으로 승화시킬 것을 언급한다(55:4-5). 자기고난과 자기희생으로서의 십자가가 없는 선교와 '샬롬'은 가능하지 않다.

6. 열매 맺기

이에 있어 무엇보다 중요한 것은 기독교인 각자 각자가 자신의 하는 일에 있어, 너른 시각을 가지고 세계를 바라보는 것이다. 사람들을 장사와 돈벌이의 대상으로만 보는 것이 아니라, 하나님이 사랑하시는바 구원의 대상이며 행복하게 살 권리를 가지 존재들로 보는 것이 중요하다. 생명을 살리고 세상을 구할 수 있는 길이 무엇인지를 선교적 마인드를 가지고 보는 자세가 요청된다.

오늘의 한국이 선진국 진입하려면 이런 가치관으로 무장되는 것이 필요하다. 돈 버는 것에만 관심을 가지는 세계관을 갖고서는 훌륭한 사람이 될 수 없으며, 훌륭한 기업도 될 수 없고, 훌륭한 국가도 될 수 없다. 모든 일에 선교적 정신을 갖고 임하는 기독교인이 되는 것이 중요하다. 좁게 살 수 있다. 그러나 샬롬의 나라로서의 하나님 나라를 이 땅에 성취하기 위해 넓은 삶을 살 수도 있다. 이건산업의 박영주 회장, 옥수수 박사 김순권 교수, 세계보건기구(WHO)의 사무총장이었던 이종욱 박사 등은 기독교인으로서 선교의 정신을 가지고 자신의 일을 한 사람들로서, 우리는 이런 전지구적 샬롬을 추구하였던 신앙의 선배들의 뒤를 따라야 할 것이다.

7. 열매 나누기

1) 전지구적인 평화와 정의의 정착을 위해 우리 교회가 할 수 있는 일들은 무엇인가?

2) 생태적 온전함의 성취를 위해 교회가 할 수 있는 일들은 무엇인가 논의하여 보자.

3) 이러한 샬롬의 구원 성취를 향한 영성훈련의 방안 및 그를 위한 새로운 예배모형의 개발에 관해 이야기해보자.

4) 한반도 내의 평화 정착 및 통일을 위해 교회가 실천할 수 있는 일이 무엇인지 말해보자.

5) 아시아가 추구하였던 전지구적 '샬롬'을 위해 한국교회가 할 수 있는 일들이 무엇인지 생각해보자.

8. 참고문헌

1) 송병헌. "이사야서 연구의 과거와 현재," 『그 말씀』, 제129호 (2000. 3.), 63-69.
2) 송재근. "이사야서의 신학적 주제와 구조," 『그 말씀』, 제129호 (2000. 3.), 10-23.
3) 이형로. 『이사야의 선교 신학』 (아세아연합신학대학원과 풀러신학대학원 공동학위과정 석사학위논문). 서울: 아세아연합신학대학과 풀러신학교, 1985.
4) Oswalt, John N. 『이사야 I, II』 (NICOT), 이용중 역. 서울: 부흥과 개혁사 2022.
5) Wright, G. E. 『구약성서주석: 이사야』, 김정준 역. 서울: 대한기독교서회, 1963.
6) Brueggemann, Walter. *Isaiah (1-39), (40-66)*. Louisville, Kentucky: Westminster John Knox Prees, 1998.
7) Fung, Raymond. *Risk Book Series: The Isaiah Vision: An Ecumenical Strategy for Congregational Evangelism*. Geneva: WCC, 1992.
8) Melugin, Roy F., Clines, David J. A. & Sweeney, Marvin A. *New Visions of Isaiah* (Journal for the Study of the Old Testament Supplement Series 214). Sheffield: Sheffield Academic Press, 1996.
9) Sawyer, John F. A. *The Fifth Gospel: Isaiah in the History of Christianity*. New York: Cambridge University Press, 1995.
10) Sweeney, Marvin A. *Isaiah 1-39: With an Introduction to Prophetic Literature* (The forms of the Old Testament Literature). Grand Rapids: Eerdmans, 1996.

예레미야, 예레미야애가:

마음의 변혁을 통한 사회변혁

예레미야, 예레미야애가: 마음의 변혁을 통한 사회변혁

마음이란 히브리어로 ‘렙’으로서, 영어로 ‘heart'로 번역되는 말이다. ’렙‘은 인간의 정서적인 부분을 말하는데, 인간 깊숙이 있는 내면의 존재가 변화되지 않고는 외형적인 인간의 행동의 변화나 사회변혁이 가능하지 않음을 이사야서는 강조한다. 요시아는 당시 민족의 재건을 위해 악법을 개폐하여 새로운 사회를 위한 발판을 마련하려고 하였다. 그러나 예레미야는 이러한 외형적인 구조변혁을 통하여 민족을 다시 살려보고자 하였던 당시의 민족주의자들을 비판하며 마음의 변혁이 우선되어야 함을 강조한 예언자였다

1. 씨알 고르기

1) 요절 예레미야 4장 4절

"유다인과 예루살렘 주민들아 너희는 스스로 할례를 행하여 너희 마음 가죽을 베고 나 여호와께 속하라 그리하지 아니하면 너희 악행으로 말미암아 나의 분노가 불같이 일어나 사르리니 그것을 끌 자가 없으리라"(9:26).

2) 주제: 마음의 변혁을 통한 사회변혁

2. 뿌리내리기

1) 당대 정신적 지주였던 하나님의 사람 예언자들

예레미야는 유다 왕 요시야로부터 시드기야까지의 제위 어간인 주전 640년에서 586년 사이에 활동한 예언자다. 성경은 요시야를 다윗에 버금가는 왕으로 칭송하며 그 시대를 번영의 시대로 말하는데, 그것은 어느 정도 예레미야의 역할에 힘입은 것이라고도 할 수 있겠다. 훌륭한 예언자가 있던 시대엔 훌륭한 왕이 있었다. 그것은 이사야에 있어서도 마찬가지다. 나라를 이끌어 가는 것은 표면적으로 보면 정치가인 것 같으나 실상은 그렇지 않다. 나라는 정치를 잘못하여 망하는 것은 아니다. 백성을 이끌어 갈 사상과 비전을 제시하는 정신적인 지도자가 없으면 망하게 된다. 오늘날에도 마찬가지다. 국가적 비전이 없인 개혁에 틈새가 생기게 마련으로 개혁을 떠받칠 수 있는 국민적 사상가가 필요한 때이다. 이사야나 예레미야는 모두 행동하는 사상가였다. 나라가 망하든 말든 백성이 길을 잃고 헤매든 말든 무관심한 자가 아니라, 몸을 던져 나라를 위기 가운데서 구하고자 한 자들이었다.

오늘날 우리의 삶은 너무 물질 위주기 때문에 사상의 중요성을 국민들이 파악하지 못하는 것 같다. 워낙 나라가 군사적으로 대치하여 있는 형편이라 그런지 옛날의 장군들을 기리는 기념각들은 많으나 이전의 국민적 사상가들을 기리는 기념관들은 그에 비해 적은 것 같다. 그러나 나라를 살리는 것은 예언자들이 가졌던 기도의 힘, 정신의 힘이지, 칼의 힘, 대포의 힘이 아니다. 열왕기하 22장 8-11절엔 요시야 왕 시대에 일어났던 일에 대한 다음과 같은 묘사가 나온다.

> 대제사장 힐기야가 서기관 사반에게 이르되 내가 여호와의 성전에서 율법책을 발견하였노라 하고 힐기야가 그 책을 사반에게 주니 사반이 읽으니라. 서기관 사반이 왕에게 돌아가서 보고하여 이

르되 왕의 신복들이 성전에서 찾아낸 돈을 쏟아 여호와의 성전을 맡은 감독자의 손에 맡겼나이다 하고, 또 서기관 사반이 왕에게 말하여 이르되 제사장 힐기야가 내게 책을 주더이다 하고 사반이 왕의 앞에서 읽으매, 왕이 율법책의 말을 듣자 곧 그의 옷을 찢으니라.

위의 말씀은 요시야 시대의 종교적이며 사회적인 개혁의 단면을 그리고 있다. 신하들이 율법책을 발견하여 왕에게 드렸다고 되어 있다. 신하들은 먼저 국가개혁을 위한 재정적인 조치를 취하고 그것을 왕에게 보고하였다. 요시야가 훌륭하였음은 이와 같은 신하들이 있었음에 기인한다. 개혁을 앞장서서 수행하였던 것은 왕은 아니었고 신하들이었음을 우리는 볼 수 있다. 물론 그러한 신하들의 개혁에 왕의 후원이 없었더라면 그 일은 이루어지지 않았을 것이다.

또한 위의 본문은 요시야 시대에 새로운 국가적인 법이 정비되었음을 암시한다. 오늘의 말로 하면 악법을 개폐하였다는 것이다. 이와 같이 요시야 왕의 개혁은 법적 장치를 새로이 하는 제도 개선에 역점을 둔 것이었다. 당시의 율법이란 이스라엘을 다스리는 국가법의 역할을 하던 것으로, 성서학자들은 그때 성전에서 발견된 율법책을 신명기서라고 추정하기도 한다.

2) 제도적 개혁의 한계

예레미야는 제사장의 아들로 태어난 귀족 출신의 예언자로서 당시의 정치적 중심인물들과 상당한 교분이 있었던 것으로 추측된다. 그런 이유로 예레미야는 요시야의 개혁정치에 양으로 음으로 영향을 미쳤을 것이다. 그러나 개혁정치의 방향 문제를 놓고 예레미야는 당시의 중심 세력들과 갈등하였음을 우리는 성경의 진술을 통해 발견할 수 있다. 예레미야는 요시야의 개혁정치가 무언가 부족한 것임을 계속 지적하였다. 개혁을 이끄는 주도 세력들은 자신들의 개혁정책이 성공하여 민족의 재도약을 이룰 것을 확신하면서 민족에게 긍지를 심는 작업을 하였던 것 같다.

예레미야는 당시 대다수의 정치인들과 종교가들의 낙관론에 반대하여 개혁이 수포로 돌아갈 것을 말하였으며 이에 그들과 상당한 갈등의 관계에 놓이게 되었다. 민족재건을 위한 노력들이 한창일 때 민족이 잘되지 않을 것을 예언한다는 것은 결코 쉬운 일이 아니다. 하나님께서 다윗과 한 언약이 있으므로 이스라엘은 망하지 않을 것이라는 유대인들의 생각과는 달리, 예레미야는 그것이 절대적인 계약이 아님을 말하였다. 당시의 지배 세력들은 다윗과 맺으신 하나님의 약속을 유포하면서 민족 재건의 결단을 고취하였지만, 예레미야는 그러한 분위기 속에서 민족의 어두

운 그늘을 파악하였다.

3. 줄기 세우기

<table>
<tr><th>장</th><th>주제</th><th>설명</th><th>시점</th><th>비고</th></tr>
<tr><td>1장</td><td>예레미야를 부르신 하나님</td><td>예언자로서의 소명</td><td rowspan="4">멸망 이전</td><td>예레미야의 소명</td></tr>
<tr><td rowspan="4">2-45장</td><td rowspan="4">남왕국 유다 나라를 향한 예언</td><td>2-25장 유다에 대한 심판 메시지를 담은 열두 번의 설교</td><td rowspan="5">예레미야의 예언 사역</td></tr>
<tr><td>26-29장 개혁의 실패를 말한 예레미야와 민족주의자들 간의 갈등</td></tr>
<tr><td>30-33장 예루살렘의 회복에 대한 예언</td></tr>
<tr><td>34-45장 남왕국 유다 멸망 전후의 예레미야의 메시지들</td><td>멸망</td></tr>
<tr><td>46-51장</td><td>이방나라들에 대한 예언</td><td>이방나라들에 대한 하나님의 정죄(에집트, 블레셋, 모압, 암몬, 에돔, 다메섹, 게달과 하솔, 엘람, 바벨론에 대한 심판의 예언들)</td><td>유다왕국의 몰락 이후, 이방 나라들에 대한 심판 예언</td></tr>
<tr><td>52장</td><td>유다왕국 예루살렘이 바벨론 제국에 의해 멸망함</td><td>시드기야의 죽음과 바벨론에 포로로 끌려가는 이스라엘 민족</td><td>멸망 이후의 일에 대한 부가적 기록</td><td>역사에 대한 정리와 회고</td></tr>
</table>

4. 가지 뻗기

1) 이스라엘과 하나님과의 언약은 절대적 언약이 아니다.

33장 20-21절에서 예레미야는 다음과 같이 말하고 있다.

> 여호와께서 이와 같이 말씀하시니라 너희가 능히 낮에 대한 나의 언약과 밤에 대한 나의 언약을 깨뜨려 주야로 그 때를 잃게 할 수 있을진대, 내 종 다윗에게 세운 나의 언약도 깨뜨려 그에게 그의 자리에 앉아 다스릴 아들이 없게 할 수 있겠으며 내가 나를 섬기는 레위인 제사장에게 세운 언약도 파할 수 있으리라.

이 본문이 언급하는 것과 같이 하나님께서 다윗과 한 언약이 있으므로 이스라엘이 망하지 않을 것이라는 당시의 유대인들의 생각과는 다르게, 예레미야는 하나님의 계시를 통해 유대왕국이 망할 것을 예언하였다.

(1) 예레미야 6장 13-14절, 14장 13-14절 등은 이르길, 당시의 예언자들을 위시한 정책 수립자들은 "평강하다 평강하다" 말하며 한간에 낙관론을 유포하였으나(렘 6:14), 예레미야는 그것이 하나의 속임수라고 비판하였다.

(2) 예레미야 7장 4절, 8장 8절에서 하나님의 성전과 율법

을 소유하고 있는 백성은 망할 리 없다는 것은 거짓 선지자들의 말임을 강조하였다.

(3) 더 나아가 예레미야는 25장 8-11절에서 이스라엘의 멸망을 다음과 같이 예언한다.

> 그러므로 만군의 여호와께서 이와 같이 말씀하시니라 너희가 내 말을 듣지 아니하였느니라. 보라 내가 북쪽 모든 종족과 내 종 바벨론의 왕 느부갓네살을 불러다가 이 땅과 그 주민과 사방 모든 나라를 쳐서 진멸하여 그들을 놀램과 비웃음거리가 되게 하며 땅으로 영원한 폐허가 되게 할 것이라 여호와의 말씀이니라. 내가 그들 중에서 기뻐하는 소리와 즐거워하는 소리와 신랑의 소리와 신부의 소리와 맷돌 소리와 등불 빛이 끊어지게 하리니, 이 모든 땅이 폐허가 되어 놀랄 일이 될 것이며 이 민족들은 칠십 년 동안 바벨론의 왕을 섬기리라.

2) 예레미야와 당대 개혁론자들 사이의 갈등

이러한 예언들은 당대의 개혁론자들과 예레미야가 갈등 상황에 있게 하기에 충분했다.

(1) 예레미야 11장 21절, 38장 21-24절의 구절은 예레미야의 정치 지도자들과 갈등을 설명한다. 그는 이스라엘의 모든 군사적 외교적인 노력이 무익함을 말하고 있다(렘 4:17).

예레미야는 동시대의 민족주의자들의 노력이 무의미해질 것을 말하였으며, 이에 그들은 예레미야를 민족의 반역자로 취급하며 그를 위협하였다. 당시의 정치가들은 예레미야를 죽이려고 하였음은 성경은 말한다. "여호와께서 아나돗 사람들에 대하여 이같이 말씀하시되 그들이 내 생명을 취하려고 찾아 이르기를 너는 여호와의 이름으로 예언하지 말라 두렵건데 우리 손에 죽을까 하노라 하도다"(렘 11:21). 왕 시드기야도 예레미야를 위협하였다. "시드기야가 예레미야에게 이르되 너는 이 말을 사람들에게 알게 하지 말라 그리하면 네가 죽지 아니하리라."(렘 38:24).

(2) 예레미야 28장 14-17절은 종교 지도자들과의 갈등을 말한다.

그는 이스라엘의 모든 종교적인 노력이 헛됨을 언급하였으며(렘 11:14, 14:10, 애가 4:13), 이 같은 발언들로 인해 종교지도자들과 척을 지게 되었다. 예레미야 28장에는 종교지도자들과 갈등하였던 일들에 대한 보고가 나타난다. 예레미야의 비관론에 대해 선지자 하나냐는 낙관론으로 대응함으로써 그들 사이의 갈등이 격화되었다. 이러한 예레미야서의 말씀에서 보듯 예레미야의 예언은 목숨을 무릅쓴 것이었다.

3) 바벨론 제국에 의한 남왕국 유다의 멸망

이리한 와중에 요시야 왕에게 뜻하지 않은 죽음이 찾아오게 된다. 이스라엘의 재건을 위해 노력하였던 요시야 왕은 애굽과의 명분 없는 전쟁에서 날아온 활에 맞아 전사하게 되는 것이다. 정말 우연한 사건이 일어나게 되었다(대하 35:23). 아마 요시야가 계속 살아 민족의 부흥을 위한 노력을 하였더면 그렇게 쉽게 유다왕국이 무너지지는 않았을 것이다. 그러나 요시야는 비명에 가게 되며 이후 이스라엘은 내리막길을 걷게 된다.

역사는 언제나 로고스에 의해서만 움직이는 것이 아니다. 역사는 파토스에 의해 움직일 수도 있는바, 인간은 그러한 역사의 우연성을 쉽게 예상하지 못한다. 이성의 눈으로만 보면 볼 수 없는 것들이 이 세상에는 많다. 인간의 외적인 오관으로 느낄 수 있는 것만으로는 충분치 못하다. 마음의 영안을 개발해야 한다. 그러한 다차원적인 감각을 통해 우리는 우리의 역사를 바로 읽을 수 있어야겠다. 요시야 왕의 장례 절차를 역대하 35장 24-25절은 다음과 같이 기록한다.

> 그 부하들이 그를 병거에서 내리게 하고 그의 버금 병거에 태워 예루살렘에 이른 후에 그가 죽으니 그의 조상들의 묘실에 장사되니라 온 유다와 예루살렘 사람들이 요시야를 슬퍼하고, 예레미야는

그를 위하여 애가를 지었으며 모든 노래하는 남자들과 여자들은 요시야를 슬피 노래하니 이스라엘에 규례가 되어 오늘까지 이르렀으며 그 가사는 애가 중에 기록되었더라.

요시야의 장례식에 애가를 지었다는 말은 조사를 하였다는 말이다. 물론 예레미야가 지은 애가의 내용이 무엇인지는 지금에서 알 수는 없다. 민족의 역사가 낙관적으로 진행될 것을 믿었던 요시야는 싸늘한 시체가 되어 관 속에 눕고, 민족의 역사를 비관적으로 바라보았던 사람들 중의 대표격인 예레미야는 그 앞에서 조사를 읽었다. 아마 그 장면에 대한 사진을 찍어 놓 았더라면 그 사진은 후대 역사에 큰 교훈이 되었을 것이라 생각된다. 아니면 그림 잘 그리는 화가가 그 광경을 그려 역사의 아이러니를 표현할 수 있었으면 좋겠다. 요시야 왕의 비극적인 죽음과 함께 민족주의자들의 운동은 좌절되었음이 분명하며, 이후 이스라엘은 다시 일어서지 못하게 된다.

예레미야 스스로도 민족의 밝은 장래를 말할 수 없음이 안타까웠으리라 생각되며, 그러한 안타까움의 눈물이 예레미야 애가에 나타난다. 우리는 보통 그를 눈물의 선지자로 부른다. 그는 애가를 다음과 같이 시작하고 있다.

슬프다 이 성이여 전에는 사람들이 많더니 이제는 어찌 그리 적막하게 앉았는고 전에는 열국 중에 크던 자가 이제는 과부같이 되었고

> 전에는 열방 중에 공주였던 자가 이제는 강제 노동을 하는 자가 되었도다. 밤에는 슬피 우니 눈물이 뺨에 흐름이여 사랑하던 자들 중에 그에게 위로하는 자가 없고 친구들도 다 배반하여 원수들이 되었도다(애가 1:1-2).

예레미야의 말대로 유다왕국은 주전 586년 결국 바벨론에 의해 망하게 된다. "유다의 시드기야 왕의 제 구년 열째 달에 바벨론의 느부갓네살 왕과 그의 모든 군대가 와서 예루살렘을 에워싸고 치더니, 시드기야의 제십일년 넷째 달 아홉째 날에 성이 함락되니라"(렘 39:1-2). 우리는 이런 예레미야의 행동에서 예언자의 고뇌를 읽게 된다. 예언자란 민족이 잘 나가는 때엔 민족의 앞날에 어려움이 있을 것이라 예언하는 자이며, 민족이 도탄에 빠져 있을 때엔 민족을 위로하며 민족의 회복을 말하는 자이어야 하지 않을까 생각해본다.

5. 꽃으로 피어나기

예레미야의 비관은 비관으로 끝나지 않는다. 그는 하나님께서 주시는 전망 안에서 이스라엘의 희망을 바라보고 있다. 예레미야의 중심되는 외침은 마음이 변하지 않고는 행동이 변하지 않는다는 것이었다. 물론 제도가 인간의 행동에 영향을 줄 수 있다. 인간의 행동과 마음은 상호작용적인 것으로 보는 것은 옳다. 그러나 그릇된 제도를 개선하는 새로움은 기존 사회 속에서 나오는 것이 아니다. 오히려 구원은 초월적 존재에 의한 개개인의 마음의 변혁에서 비롯된다.

이에 예레미야는 이스라엘 백성 한 사람 한 사람이 사지에서 나와 구원받을 것을 바라고 있다. "나의 백성아 너희는 그 중에서 나와 각기 나 여호와의 진노에서 스스로 구원하라"(렘 51:45). 이제까지의 이스라엘의 구원 도식은 집단적이며 민족적인 것이다. 곧 율법과 성전을 가진 집단은 망하지 않는다는 입장이었다. 그러나 예레미야에 와서 그 구원의 도식은 변화된다. 각자 각자가 자신의 구원을 책임지는 시대가 도래하였다. 기독교의 구원은 집단적인 것이 아닌 것으로, 이스라엘 민족은 망하지만 남은 자들 중에 아직 희망은 잔존하고 있음을 예레미야는 강조하였다(렘 50:20).

사회가 변하면 개인이 구원된다는 생각은 성경적이 아니다. 동양 사상도 개인변화가 사회변화를 추동함을 강조한다. '수신제가치국평천하'라는 말이 있다. 자신, 가정, 그리고 나라와 인류로 개혁이 확대되어야 한다는 말이다. 독일의 신학자 몰트만은 다음의 말을 한다. "자기 스스로에 대한 자기 자신의 이해를 깊이 함이 없이, 민감한 사랑을 위한 그의 능력을 세움이 없이, 자기 스스로를 향한 자기신뢰와 자유를 발견함이 없이, 다른 사람을 위한 행동을 하고자 하는 사람은 다른 사람에게 줄 수 있는 어떤 것도 그 자신 속에서 발견할 수 없을 것이다.... 다른 사람을 도움에 의해서 그 자신의 공허를 채우려 하는 사람은 오직 바로 그 동일한 공허를 확산시킬 뿐이다..... 그 스스로 자유하게 된 자만이 남을 해방할 수 있으며 그들의 고난을 나누어 질 수 있다.... 물론 이 말은 사회적이나 정치적인 행위 그 자체를 비판하는 말이 아니다. 반대로 이런 행위는 우리가 서술한바 자신에 대한 앎을 통해서만 강화될 수 있다는 것이다." 아직 우리 민족에게는 기회가 많다. 표면적인 개혁과 함께 마음의 변화를 이루어 민족의 밝은 내일을 만들어 나갔으면 한다. 우리 민족이 경험한 최근의 고난을 개개의 마음을 정화시키는 힘으로 승화시키는 지혜가 요청된다.

예레미야 39장 1절, 39장 11-12절의 말씀은 바벨론이 예루살렘을 에워싸고 치더니 성이 함락시켰음을 말한다. 바벨론에 의해 남왕국 유다는 예레미야의 예언과 같이 멸망하게 된다. 그러나 하나님은 그 백성 중에 구원의 그루터기 곧 남은 자를 남겨놓으셔서 미래를 기약하시고 계신다(렘 42:11). 그러므로 유다는 망하지만 '남은 자'(렘 50:20)로서 예수 그리스도에 대한 신앙을 가진 개인은 민족의 멸망 중에서라도 구원을 받을 것임을(롬 3:23-28) 예레미야는 아래와 같이 전망하였다.

> 여호와의 말씀이니라 보라 때가 이르리니 내가 다윗에게 한 의로운 가지를 일으킬 것이라 그가 왕이 되어 지혜롭게 다스리며 세상에서 정의와 공의를 행할 것이며, 그의 날에 유다는 구원을 받겠고 이스라엘은 평안히 살 것이며 그의 이름은 여호와 우리의 공의라 일컬음을

받으리라. 그러므로 여호와의 말씀이니라 보라 날이 이르리니 그들이 다시는 이스라엘 자손을 애굽 땅에서 인도하여 내신 여호와의 사심으로 맹세하지 아니하고, 이스라엘 집 자손을 북쪽 땅, 그 모든 쫓겨났던 나라에서 인도하여 내신 여호와의 사심으로 맹세할 것이며 그들이 자기 땅에 살리라 하시니라(렘 23:5-8).

6. 열매 맺기

예레미야는 요시야의 개혁에도 불구하고 국가가 부흥할 수 없음을 말하였있다(렘 25:3-11). 외적인 제도의 개혁만을 가지고는 잘못된 나라를 바로 잡을 수 없다. 예레미야는 다음과 같이 말한다. "유다인과 예루살렘 주민들아 너희는 스스로 할례를 행하여 너희 마음 가죽을 베고 나 여호와께 속하라 그리하지 아니하면 너희 악행으로 말미암아 나의 분노가 불같이 일어나 사르리니 그것을 끌 자가 없으리라"(렘 4:4). 예레미야는 제도의 개혁에 우선되는 마음의 할례를 강조하였다(렘 9:26). 제도를 잘 만드는 것도 중요하지만 그것을 운용하는 사람이 누구냐라는 것이 그것 못지않게 중요하다.

예레미야는 이스라엘 백성들의 하나님의 명령에 순종치 못하였던 이유가 마음이 변혁되지 않은 것에 있음을 지적한다. 이와 같은 사상은 신약성서에는 마태복음의 신학에 이어진다고 볼 수 있다(마 15:19). 마음이 악한 상태에서는 어떠한 선행도

기대할 수 없다. 성령 안에서 존재가 변하여야 행동이 변한다. "구스인이 그의 피부를, 표범이 그의 반점을 변하게 할 수 있느냐 할 수 있을진대 악에 익숙한 너희도 선을 행할 수 있으리라"(렘 13:23). 흑인이 그의 얼굴의 색을 변케 할 수 없듯이, 이스라엘 백성의 현재의 마음에서는 선한 행동이 나올 수 없다는 말씀이다.

인간의 마음의 성향은 하루 아침에 형성되는 것이 아닌 것으로, 그것의 변화는 결코 용이하지 않다. 예레미야의 이와 같은 사상은 한국의 기독교 사상가인 함석헌 선생의 사회변혁론과 비슷하다. 함 선생님은 이르기를 보이는 사회제도의 변화를 위해서는 민족성이 개조되어야 하며, 민족성이 개조되려면 개인의 성격이 개조되어야 하고, 성격 개조를 위해서는 자아가 개조되어야 하고, 자아가 개조되려면 참 나를 발견하여야 한다고 하였다. 그러므로 백성들의 전체적인 마음의 변혁을 바탕으로 하지 않는 정치개혁은 무의미하다. 하나님은 이스라엘 백성의 마음이 완악하여 참된 선행에 이르지 못함을 보시고 그들과 하나의 새로운 언약을 맺고 계신다. 과거의 언약은 행위에 대한 것이었다면 새로운 언약은 마음에 대한 언약이다. 예레미야, 함석헌, 그리고 프랑스의 신학자 자끄 엘룰 등은 제도의 개혁에 앞서 인간 개조가 우선이며 행동의 변화를 위해 마음의 변화 곧 존재의 변화가 우선됨을 강조하였다.

1) 요시야의 외적 제도개혁만으로는 부족하고 개인 개인의 마음의 근본이 변하여야 함을 강조한다. 예레미야 31장 31-33은 다음과 같이 이른다.

> 여호와의 말씀이니라 보라 날이 이르리니 내가 이스라엘 집과 유다 집에 새 언약을 맺으리라. 이 언약은 내가 그들의 조상들의 손을 잡고 애굽 땅에서 인도하여 내던 날에 맺은 것과 같지 아니할 것은 내가 그들의 남편이 되었어도 그들이 내 언약을 깨뜨렸음이라 여호와의 말씀이니라. 그러나 그날 후에 내가 이스라엘 집과 맺을 언약은 이러하니 곧 내가 나의 법을 그들의 속에 두며 그들의 마음에 기록하여 나는 그들의 하나님이 되고 그들은 내 백성이 될 것이라 여호와의 말씀이니라.

2) 예레미야 13장 23절은 이르길 마음이 변하지 않고는 인간의 행동이 바뀔 수 없다고 하였다. 그리스도 안에서 우리가 의롭게 되며 중생함으로써만 우리의 근본 존재가 변화될 수 있는 것이다.

3) "예루살렘아 네 마음의 악을 씻어 버리라 그리하면 구원을 얻으리라"(렘 51:6). 그렇게 구원은 개인에서 출발하는 것으로 각 사람의 마음의 변혁을 통해 주어지는 것이다.

이러한 마음의 개혁은 인간의 교육이나 노력을 통해 이루어지기 어렵다. 외형적 변화가 아니라 근본적인 변화가 필요하므로 하나님만이 우리를 돌이키실 수 있다. 예레미야 24장 7절은 "내가 여호와인 줄 아는 마음을 그들에게 주어서 그들이 전심으로 내게 돌아오게 하리니 그들은 내 백성이 되겠고 나는 그들의 하나님이 되리라"라고 한다. 우리 스스로 돌아가는 것이 아니며, 하나님께서 돌아오게 하신다는 말씀이다. 그러한 변혁은 우리 자체 안에서 야기되는 변혁이 아니고, 인간과 역사를 초월한 곳에서 오는 초자연적인 변혁이다(애가 5:21).

7. 열매 나누기

1) 사회의 구조개혁과 마음의 변혁 사이의 상관관계에 대해 말해보자.

2) 하나님에 대한 경건이 사회의 변혁에 미치는 영향에 대해 검토하여보자.

3) 하나님은 인간의 바람과는 다르게 역사를 이끌어 갈 때가 있다. 하나님이 만드신 우연한 사건에 의해 역사가 반전된 예들을 예레미야서와 기타 역사 가운데에서 찾아보자.

4) 한 국가가 망하게 되는 결정적인 이유들을 설명해보자.

5) 예레미야는 이스라엘 민족의 집단적 구원에서, '남은 자'라는 사상을 통하여 개인적인 구원의 모습을 제시하고 있다. 기독교 구원의 집단성과 개인성에 대해 검토해보자.

8. 참고문헌

1) 김재준. "위대한 종결-예레미야의 비통한 최후를 추모함," 『신학지남』, vol. 17 no. 3 (1935. 5.), 49-53.

2) 박동현. 『주께서 나를 이기셨으니: 설교를 위한 예레미야서 연구』. 서울: 한국성서학연구소, 1995.

3) Bright, John. 『국제성서주석: 예레미야』. 서울: 한국신학연구소, 1985.

4) Lundbom, Jack R. 『예레미야서 더 가까이 보기』, 구애경, 박지혜 역. 서울: 대한기독교서회, 2016.

5) Skinner, John. *Prophecy & Religion: Studies in the Life of Jeremiah.* Cambridge: Cambridge University Press, 1951.

6) Crenshaw, James L. "A Living Tradition; The Book of Jeremiah in Current Research," *Interpretation,* vol. 37 no. 2 (1983. 4.), 117-129.

7) Diamond, Pete A. R., O'Connor, Kathleen M. & Stulman, Louis.

Troubling Jeremiah (Journal for the Study of the Old Testament Supplement Series 260). Sheffield: Sheffield Academic Press, 1999.

8) Gehman, Henry S. "The Ruler of the Universe," *Interpretation,* vol. 11 no. 3 (1957. 7.), 269-281.

에스겔

나를 여호와인 줄 알리라

에스겔: 나를 여호와인 줄 알리라

"나를 여호와인줄 알리라."라는 말이 에스겔서에서 여러 번 반복되는데, 이와 같은 하나님을 아는 방법에 대한 문제를 에스겔서는 설명한다. 에스겔서는 하나님을 알고 그를 믿을 수 있는 길에 대해 말하면서, 하나님께선 자신이 하실 일들을 미리 말씀하심과 동시 그 말씀을 역사 가운데에서 이루시는 분이시며, 이렇게 역사 가운데에서 하나님의 말씀이 현실화되고 성육신 됨을 보며, 우리는 그 하나님의 계시가 진리임을 깨닫게 될 뿐 아니라, 더 나아가 하나님의 존재 자체를 믿게 되는 것임을 에스겔서는 증언한다. 자신이 하나님이심을 선포하였음에도 불구하고 자신을 바로 알지 못하는 이스라엘 백성들을 교육하시기 위해 이스라엘 백성으로 하여금 자신을 바로 알도록 하려는 하나님의 교육 의지를 우리는 이 에스겔서에서 읽을 수 있다.

1. 씨알 고르기

1) 요절 에스겔 37장 12-14절

"그러므로 너는 대언하여 그들에게 이르기를 주 여호와께서 이같이 말씀하시기를 내 백성들아 내가 너희 무덤을 열고 너희로 거기에서 나오게 하고 이스라엘 땅으로 들어가게 하리라. 내 백성들아 내가 너희 무덤을 열고 너희로 거기에서 나오게 한즉 너희는 내가 여호와인 줄을 알리라. 내가 또 내 영을 너희 속에 두어 너희가 살아나게 하고 내가 또 너희를 너희 고국 땅에 두리니 나 여호와가 이 일을 말하고 이룬 줄을 너희가 알리라 여호와의 말씀이니라"(22:14-16, 36:32-38).

2) 주제: 나를 여호와인줄 알리라

2. 뿌리내리기

에스겔서에는 "나를 여호와인 줄 알리라"라는 문장이 45번이나 나온다. 그러므로 아주 빈번히 나오는 이 문장을 이해함이 없이 에스겔서의 의미를 파악할 수 없다. 짧은 6장의 말씀 가운데에서도 그러한 문장이 4번이나 나오는 것을 발견할 수 있다. 에스겔 6장 7절의 말씀은 다음과 같이 되어 있다. "또 너희가 죽임을 당하여 엎드러지게 하여 내가 여호와인 줄을 너희가 알게 하려 함이라." 이 본문에서 "내가 여호와인줄 너희로 알게 하려 함이라."는 말씀이 나타나는데, 하나님을 알게 만들겠다는 이스라엘 백성들을 향한 하나님의 교육 의지가 강하게 담겨져 있다.

이러한 에스겔서의 자주 나오는 문장을 이해하기 위하여 그 구절을 "너는 이스라엘 자손에게 말하여 이르라 나는 여호와 너희의 하나님이니라."라는 레위기 18장 2절의 말씀과 비교해보는 것이 좋을 듯하다. 레위기에서 하나님께서는 자신을 그저 하나님이라 선언하신다. 그러나 에스겔서에서는 나는 야웨이다라는 선언을 넘어서고 있다. 에스겔서는 나를 여호와인 줄 너희가 알게 하겠다는 하나님의 의지가 더해져 있는 것이다. 그냥 방치해둔 상태에서 이스라엘 백성은 하나님을 참되게 아는데 이르지 못했다. 그리하여 하나님께서는 이스라엘로 하여금 자신을 알게 만들려는 적극적인 행동을 작정하신다. 그들이 자신을 알 때까지 기다리는 것이 아니라, 그들에게 자신을 알리시고 드러내시며 그들이 자신을 알도록 하기 위하여 그들을 이끄셨던 것이다.

그것은 엄마가 어린아이에게 말을 배워주는 과정과 유사하다. 말을 처음 배울 때 아기는 엄마의 언어를 이해하지 못한다. 그와 같이 처음에는 알아듣지 못할지라도 계속되는 반복을 통해 아기는 그 말과 삶의 현실을 연결하는 능력을 얻게 되고, 어느 순간엔가 엄마의 말을 이해하게 된다. 아기에게 엄마가 엄마의 얼굴을 맞히며 수천 번 아니 수만 번 엄마라고 반복하여 교육함으로써, 어느 순간 아기는 엄마의 얼굴을 보고 엄마라는 발음을 하게 된다. 그 아기가 엄마를 엄마라고 부르게 된 것은 자기 스스로의 능력으로 한 것이 아니라, 엄마의 부단한 반복 교육의 결과로 그리하게 된 것임에도 불구하고, 엄마는 그 아기가 자신을 보고 엄마라고 부른 것을 매우 기뻐한다. 우리가 하나님을 하나님으로 알게 되는 과정도 이와 비슷하다. 하나님께서 스스로를 우리에게 계시하심을 통해 우리는 하나님을 하나님으로서 알게 된다.

이와 같이 하나님을 하나님으로 선포하여도 알지 못하는 이스라엘 백성들을 향해 하나님께서는 그 스스로를 알리실 것을 작정하셨으며, 그런 하나님의 자기 계시와 자기 현현의 내용들이 에스겔서 전반에 드러나 있다. 그 하나님은 그 스스로를 우리들로 하여금 알도록 만드시는 분이시다. 에스겔서는 그 하나님을 아는(know) 방법에 대해 우리에게 설명한다. “안다”라는 동사는 에스겔서 전체에 99번이나 나오는 동사로서 매우 중요하다. 그러면 그 하나님을 알게 되는 구체적인 과정이 무엇인지 살펴보려 한다.

1) 먼저 하나님께서는 예언자를 통해 자신이 하실 일을 드러내신다(겔 2:4-5).

하나님께서 자신이 하실 일을 미리 나타내시는 방법에는 여러 가지가 있다. 이상(vision, 겔 1:1)과 신탁(말씀, oracle, 겔 2;1)과 징조(sign, 겔 4:3)이다. 요한일서 1장 1절은 이 세 가지를 들은 바요 본 바요 만진 바라고 설명한다. 이 같은 세 가지의 전달 방법은 교통표지판을 살피면 잘 이해할 수 있다. 이상은 일종의 그림과 같은 것으로, 교통표지판에서 밑줄 위에 사슴 그림이 있는 것은 동물들이 도로에 자주 출몰하는 것을 나타낸다. 또한 교통표지판들 중엔 'STOP'이란 언어로 되어 있는 것도 있는데, 이것은 말씀을 통한 전달 방법이다. 아울러 S자가 두 개로 겹쳐진 일종의 기호나 부호로 되어 있는 교통표지판도 있는데, 일종의 사인과 같은 것으로 운전해나가다 보면 굽어진 도로가 나온다는 표식이다. 교통표지판들은 보통 그림과 문자와 기호의 세 가지로 구성된다. 우리는 하나님이 주시는 이상을 보아야 하며, 하나님이 하시는 말씀을 들어야 하고, 하나님이 우리에게 주시는 징조를 손으로 만진 듯 느껴야 한다. 귀로 듣고 눈으로는 보며 몸으로 느낄 수 있어야 한다는 것이다.

특히 요한에 의한 성경의 책들은 이러한 세 가지의 전달 방법에 대해 언급한다. 1) 요한복음은 말씀을 듣고 믿는 문제에 대해 말한다. 2) 요한일서는 몸으로 체득되는 곧 행동을 통하여 알게 되는 하나님에 대해 설명한다. 3) 마지막으로 요한계시록에서는 '볼지어다'(헬라어 '이두')라는 동사가 강조되어 있다. 요한계시록은 하나님이 제시하시는 이상과 비전과 상상력(imagination)과 이미지를 보는 것이 신앙의 관건임을 말한다. 하나님을 알기 위해서는 언어적이며 지적인 작업만으로 불충분하다. 그것을 위해서는 또한 상상력의 정서적인 면이 더해져야 한다.

에스겔은 또한 상징과 비유를 수단으로 하나님의 하실 일들에 대해 미리 나타내고 있다. 15장의 포도나무의 비유, 16장의 간음한 여인의 비유, 17장의 두 독수리의 비유, 18장의 거절된 신 포도의 비유, 23장의 두 여인의 비유, 24장의 끓는 가마의 비유 등이다. 이와 같이 에스겔서는 하나님의 뜻을 전하는 수단으로, 신탁과 메시지 전달 방법만을 쓰고 있지 않으며, 표적, 비전, 상징, 은유, 비유 등 다양한 의사전달 방법을 동원하고 있다.

2) 다음으로 하나님께서는 자신이 하신 말씀을 이루시는 분이다.

에스겔 6장 10절은 여호와의 말씀은 헛되지 않음을 언급한다. 이어 에스겔 12장 28절은 이르길, "그러므로 너는 그들에게 이르기를 주 여호와의 말씀에 나의 말이 하나도 다시 더디지 아니할지니 내가 한 말이 이루어지리라 나 주 여호와의 말이니라 하라."라고 말한다. 이와 같이 하나님은 자신이 하신 말씀을 확실하게 속히 이루시는 분이시다. 혹자는 하나님께서 말씀을 이루심이 더디다고 말하기도 하나, 그렇게 더디다고 느끼는 것은 이룸의 더딤에 있는 것이 아니며 느낌의 더딤에 있는 것이다. 에스겔서는 이렇게 하나님께 예언자를 통하여 하신 말씀이 얼마나 분명하게 이루셨나를 보이는 책인 것이다.

3) 역사 가운데 현실화된 말씀을 보고 우리는 하나님을 깨닫게 된다.

하나님께서는 자신이 하실 일들을 미리 말씀하심과 동시, 그 말씀을 역사 가운데에서 이루시는 분이시다. 이렇게 역사 가운데에서 하나님의 말씀이 현실화되고 성육신 됨을 보며(요 1:14), 우리는 그 하나님의 계시가 진리임을 깨닫게 될 뿐 아니라, 더 나아가 하나님의 존재 자체를 믿게 된다(겔 7:2-4, 36:32-38, 37:14, 39:25-29). 에스겔 37장 12-14절은 하나님을 아는 방법을 간명하게 정리한다.

> 그러므로 너는 대언하여 그들에게 이르기를 주 여호와께서 이같이 말씀하시기를 내 백성들아 내가 너희 무덤을 열고 너희로 거기

에서 나오게 하고 이스라엘 땅으로 들어가게 하리라. 내 백성들아 내가 너희 무덤을 열고 너희로 거기에서 나오게 한즉 너희는 내가 여호와인 줄을 알리라. 내가 또 내 영을 너희 속에 두어 너희가 살아나게 하고 내가 또 너희를 너희 고국 땅에 두리니 나 여호와가 이 일을 말하고 이룬 줄을 너희가 알리라 여호와의 말씀이니라.

3. 줄기 세우기

장	주제	소주제	시점	비고
1-3장	에스겔을 부르신 하나님	1장 에스겔이 본 하나님의 영광	바벨론에 의한 포위 이전	유다왕국의 멸망
		2-3장 에스겔의 소명		
4-24장	유다왕국 예루살렘에 임할 심판	임박한 심판에 대한 표적(징조), 신탁(메시지), 이상(비전), 비유 등		
25-32장	유다의 적 이방 나라들에 대한 심판	암몬, 모압, 에돔, 블레셋, 두로, 시돈, 애굽	포위 기간	적대국들에 대한 심판
33-48장	이스라엘에 대한 은혜의 회복	33-39장 고국으로 되돌아올 이스라엘	포위 이후	유다의 미래
		40-48장 새 천년왕국 시대의 이스라엘(40-43장: 새 성전, 44-46장: 새 예배, 47-48장: 새 땅)		

4. 가지 뻗기

기독교는 막연한 미신적 종교가 아니다. 기독교는 그런 과학 정신과 대립되지 않는다. 예를 들어 "주는 자가 받는 자보다 복이 있다."라는 성경 말씀이 있다. 또한 십일조를 바치면 곳간에 쌓을 곳이 없도록 축복해주신다는 말씀도 있다. 우리는 이러한 말씀들을 우리의 삶 속에서 하나 하나 실험(test)하여 볼 수 있다. 가난한 이웃을 위해 나눔의 삶을 실천하였더니 하나님께서 더 큰 복을 주시더라는 것을 파악하는 순간, 우리는 그 하나님의 말씀이 진실임을 믿게 될 것이며, 그럴 경우 우리는 한 조각의 퍼즐을 얻게 되는 것이다. 또한 우리는 주님의 말씀을 테스트하기 위해 십일조를 바쳐볼 수도 있다. 십일조를 할 때와 안 할 때를 비교해보아 우리는 어느 때가 경제적으로 더 윤택하였는지를 알 수 있게 된다.

에스겔서는 먼저 하나님께서 앞으로 하실 일들에 대해 말하시며, 그것이 역사 가운데에서 이루어졌음을 보고, 하나님의 말씀에 신빙성이 있음을 믿게 되고 알게 됨과 동시 하나님의 존재를 인식하게 되는 것임을 우리에게 설명한다. 그것은 일종의 퍼즐 조각들을 맞추는 것과 비슷하다. 하나님께서 말하신 것을 이루심 것을 보면서 우리는 한 조각의 퍼즐 조각을 갖게 된다. 이런 체험들이 모여 우리는 여러 퍼즐 조각들을 갖게 되며, 그러한 조각들을 맞추어 가면 갈수록 우리는 그로부터 하나님의 얼굴이 또렷해짐을 느끼게 된다. 퍼즐 조각들이 많이 모이면 많이 모일수록 하나님 얼굴의 윤곽은 더 분명해진다. 이와 같은 방법으로 우리는 하나님의 형상에 접하게 되는 것으로, 그 일을 위해 우리는 성경의 말씀을 실험해볼 필요가 있다. 성경의 말씀이 우리 삶에 그대로 적용되는지를 하나하나 실험해보는 동안 우리의 신앙을 자라게 된다. 성경은 하나님의 말씀에 순종하면 복을 받고, 불순종하면 벌은 받는다고 말하는데, 이것도 우리의 삶에서 실험하여 확인할 수 있을 것이라 생각한다. 그 말씀이 우리의 현실에 적용됨을 파악하고 우리는 그것이 하나님의 말씀으로 믿게 되며 하나님을 알게 되는 것이다.

5. 꽃으로 피어나기

에스겔 6장 10절의 말씀이다. "그때에야 그들이 나를 여호와인 줄 알리라 내가 이런 재앙을 그들에게 내리겠다 한 말이 헛되지 아니하니라." 이 본문은 하나님의 말이 결코 헛된 것이 아님을 말하고 있다. 하나님의 말은 공염불이나 부도수표로 끝나는 법이 없다. 그는 그의 말을 역사 가운데에서 이루시는 분으로, 그는 그가 하신 약속을 한 번도 어겨 본 적이 없으시다.

하나님은 이스라엘 민족에게 두 가지의 내용을 미리 알리시고 계신다. 하나는 이스라엘 민족의 죄악을 심판하시겠다는 말이며, 다른 하나는 그럼에도 불구하고 이스라엘 민족을 은혜로 회복하시겠다는 약속이다. 우리는 이 같은 하나님의 심판과 은혜(구원)를 경험함으로써 하나님의 앎에 이르게 된다. 먼저 하나님은 죄에 대한 보응을 통해 자신을 알리시는 분이다. "내가 네게 보응하는 날에 네 마음이 견디겠느냐 네 손이 힘이 있겠느냐 나 여호와가 말하였으니 내가 이루리라. 내가 너를 뭇 나라 가운데에 흩으며 각 나라에 헤치고 너의 더러운 것을 네 가운데에서 멸하리라. 네가 자신 때문에 나라들의 목전에서 수치를 당하리니 내가 여호와인 줄 알리라 하셨다 하라"(겔 22:14-16). 다음으로 하나님께서는 이스라엘 민족에게 은총을 베풀겠다는 약속을 자신을 알리시는 수단으로 삼고 계신다. "전에는 내가 그들이 사로잡혀 여러 나라에 이르게 하였거니와 후에는 내가 그들을 모아 고국 땅으로 돌아오게 하고 그 한 사람도 이방에 남기지 아니하리니 그들이 내가 여호와 자기들의 하나님인 줄을 알리라. 내가 다시는 내 얼굴을 그들에게 가리지 아니하리니 이는 내가 내 영을 이스라엘 족속에게 쏟았음이라 주 여호와의 말씀이니라"(겔 39:28-29).

이에 설교자의 설교는 듣는 당시의 감동으로 마무리되어서는 안 된다. 모든 설교는 들음으로 끝나서는 아니 되며 현실 가운데에서 성취되는 과정이 요청된다. 현실 가운데에서 형체화되지 않는 말씀은 헛될 뿐이다. 그러함에 설교자의 정체성은 말씀을 전하는 것으로만 확인되는 것은 아니며, 그 말씀의 현실성과 실천성이 확인되는 데에서 분명해진다. 실천하지 않는 설교자의 설교는 헛된 설교다. "그 말이 응하리니 응할 때에는 그들이 한 선지자가 자기 가운데에 있었음을 알리라"(겔 33:33). 몸의 훈련과 행동으로의 실천이 따르지 않는 하나님에 대한 앎이란 공허한 것이다.

하나님께서는 자신의 하실 일을 미리 알리시며 그 알리신 일이 역사 가운데에서 성취되는 것을 보고 이스라엘 백성들은 하나님을 알 수 있게 되었다. 기독교의 신앙이란 말씀이 현실화되는 것에 대한 믿음이라 할 수 있다. 더 나아가 에스겔 24장 24절은 우리가 하나님의 예언을 이루기 위해 우리가 행하여야 함을 강조한다.

> 이같이 에스겔이 너희에게 표징이 되리니 그가 행한 대로 너희가 다 행할지라 이 일이 이루어지면 내가 주 여호와인 줄을 너희가 알리라 하라 하셨느니라.

하나님의 예언은 하나님 자신이 이루시는 것이지만 동시 우리 인간을 통해 이루시는 것으로 우리는 그러한 하나님께서 미리 우리에게 보여주신 일들을 이루기 위해 노력해야 할 것이다. 예수 그리스도께서는 그의 생전에 하나님께서 성경을 통해 미리 말씀하신 내용들을 이루시기 위해 일하셨음을 우리는 복음서를 통해 읽게 된다.

6. 열매 맺기

우리는 교통표지판을 보고 우리의 운전을 조율한다. 그 표시판이 말하는 위험한 상황을 미리 대비하는 것이다. 어느 도로를 지나가며 몇몇의 교통 표지판들을 보았다고 하자. 운전해 나아가는 중 그 교통표지판들이 언급하는 대로 그러한 상황이 그대로 전개되었을 경우, 우리는 점점 그 표지판을 점점 더 신뢰하게 된다. 반대로 그 표지판들의 내용이 실제 운전 중에서 전개되지 않는다면, 우리는 이후 그 표지판의 내용을 신임하지 않을 것이다. 하나님을 알고 믿는다는 것도 교통표지판의 경우와 비슷하다. 그 하나님의 말씀들이 우리의 삶 가운데에서 그대로 적용되고 실현되는 것을 보고 우리는 점점 하나님의 말씀을 믿게 된다.

하나님께서는 우리 삶 가운데 이미 위험 표지판을 세워 놓으셨다. 만약 우리가 그 표지판에 주의하여 운전한다면 우리의 삶에는 심각한 문제가 일어나지 않을 것이다. 인생을 살면서 하나님이 주신 위험 표지판들을 무시하면서 살기 때문에 우리는 많은 어려움을 겪게 된다. 초보운전자들은 그런 표지판들을 보지 못하고 그저 앞만 보고 운전하기 때문에 하나님께서 세워 놓으신 위험 표지판들을 읽지 못할 때가 많다. 노련한 운전자라면 교통표지판을 보면서도 주변의 경치도 감상하며 운전할 것이지만 초년생은 그럴 여유가 없다. 언제나 하나님께서는 우리에게 인생의 어려운 일들을 대비하라고 말씀하신다. 주님이 세워 놓으신 교통표지판들에 주의하며 운전해나가는 믿음의 사람들이 되도록 하여야 할 것이다.

신약에 있어 예수 그리스도께서는 자신을 통해 하나님을 드러내셨는바, 우리는 그 분으로 인하여 하나님을 알 수 있게 된다. 요한복음 1장 14절에서 말씀이 육신이 되었다는 말은 하나님의 말씀이 그 안에서 몸소 성취되었음을 언급하는 것이다. 우리는 그 안에서 하나님의 말씀의 계시와 성취를 동시에 보게 된다. 예수 그리스도는 하나님의 말씀 자체이실 뿐 아니라, 그 말씀을 역사 가운데에서 실천하신 분이시다. 우리는 그리스도 안에 나타난 말씀과 그 말씀의 현실화(성취와 실현)를 동시에 봄으로써 하나님을 믿고 알게 되는 것이다.

그 예수께서는 말씀을 이루신 분임과 동시 미래 인간의 구원에 대해서도 미리 말씀하신 분이시다. "옛적에 선지자들을 통하여 여러 부분과 여러 모양으로 우리 조상들에게 말씀하신 하나님이, 이 모든 날 마지막에는 아들을 통하여 우리에게 말씀하셨으니 이 아들을 만유의 상속자로 세우시고 또 그로 말미암아 모든 세계를 지으셨느니라"(히 1:1-2).

이에 있어 예수 그리스도를 믿는 것에는 두 가지 차원이 있다. 1) 먼저는 하나님이 말씀이 그 안에서 이루어짐을 보고 믿는 것이요, 2) 다음은 그 예수의 미래적 말씀이 이루어질 것을 믿는 것이다. 먼저는 과거 지향적 믿음으로 하나님의 말씀이 이루어졌음을 보고 믿는 것이다. 다음으론 아직 이루어지지 않을 것을 믿는 미래 지향적 믿음이 있다. 미래 지향적 믿음은 하나님의 말씀이 미래에 이루어질 것에 대한 믿음이다. 성취되지 않았지만 성취되리라 믿는 믿음이다. 재림과 심판, 새 하늘과 새 땅, 죽은 후의 갈 천국과 종말에 대한 예언들이 장차 이루어질 것들이다. 역사 가운데 이루어짐을 보고 믿는 것도 좋은 일이지만 보지 않고 믿는 미래적 믿음은 더 귀한 믿음이다(요 20:29).

하나님께서 말씀하시며 그것을 이루지 않았다면 우리는 그 하나님의 말씀을 믿을 수 없다. 하나님께서 먼저 말씀하시고 그것을 성취하심을 보고 우리는 하나님을 믿게 되고 그의 존재하심을 알게 된다. 이와 같이 말씀의 예언과 성취를 통해 우리는 주님을 알게 됨을 에스겔서는 강조한다.

7. 열매 나누기

1) 교통표지판들과 하나님께서 주시는 신탁(말씀), 표적(사인), 비전(그림) 등을 서로 비교하여 보자.

2) 에스겔은 하나님의 뜻을 전하는 방법으로 이미지들을 많이 사용하고 있다. 우리의 설교에서 그림 같은 언어, 곧 이미지들을 사용하여 말씀을 전달하는 방법의 중요성과 그것의 실제적 방법들에 대해 말하여보자.

3) 하나님의 말씀이 나의 삶 가운데 이루어진 예들을 열거하여보자.

4) 예수 그리스도의 예언의 말씀 중 아직 실현되지 않은 것들을 말하고, 그것에 담겨져 있는 의미를 되새겨보자.

5) 이스라엘의 역사가 출애굽(exodus)에서 다시 포로됨(exile)으로 마치고 있음에 대해 묵상하여보자.

8. 참고문헌

1) Block, Daniel I. 『에스겔』 (NICOT 구약주석 시리즈), 신윤수 역. 서울: 부흥과개혁사, 2022.
2) Klein, Ralph W. 『에스겔: 예언자와 그의 메시지』, 박호용 역. 서울: 성지출판사, 1999.
3) Mays, James Luther & Achtemeier, Paul J., ed. *Interpreting the Prophets*. Philadelphia: Fortress Press, 1987.
4) Zimmerli, Walther. *Ezekiel: A Commentary on the Book of the Prophet Ezekiel*, tr. by Ronald E. Clements. Philadelphia: Fortress, 1979.
5) Zimmerli, Walter. *I Am Yahweh,* trans. by Douglas W. Scott. Atlanta: JohnKnox Press, 1982.
6) Allen, Leslie C. "The Structure and Intention of Ezekiel," *Vetus Testamentum,* vol. 43 no. 2 (1993. 4.), 145.

다니엘

성도가 받는 고난과 하나님의 위로

다니엘: 성도가 받는 고난과 하나님의 위로

우리는 다니엘서에서 네 가지의 시점을 공시적으로 갖는다. 바벨론 포로 이후 시대의 이스라엘 백성이 경험하였던 역사적 시점, 다니엘서가 쓰일 당시의 역사적 시점, 오늘 우리가 사는 이 시대의 시점, 그리고 이 세상 종말의 시점으로, 이 네 시점이 종말의 초월적 시점에 의해 엮여 하나의 시야를 우리에게 제공한다. 우리는 이스라엘 백성들의 바벨론 포로 이후의 수난사를 읽으며 그 사건이 종말론적 사건임을 파악하게 되며, 그러한 종말론적 시야가 당시의 이스라엘 신앙 공동체에 미친 구체적인 영향을 분석하면서 오늘의 우리의 입장을 투영하게 된다. 이에 있어 다니엘서의 예언들이 두 가지의 내용으로 해석이 되곤 한다. 2천 년 전의 예수 그리스도의 초림까지의 역사만이 다니엘서에서 예언되었다는 견해와 예수 그리스도의 재림까지의 역사가 이 책에서 예언되었다는 견해가 있는데, 우리는 이 두 가지의 사건 모두를 포괄하여 종말적 시각에서 재정리할 수 있을 것이다.

다니엘서의 주된 의도는 당시 고난받는 이스라엘 백성을 위로함에 있다. 하나님께는 역사의 알파와 오메가로서 천지는 다스리시는 절대 주권자임을 말하며, 지금의 고난은 종말의 시각에서 볼 때 일시적인 것으로, 결국 주님의 통치 안에서 모든 인간의 왕국들을 멸망할 것이며 그의 영원하신 의와 평화의 왕국이 그리스도 안에서 세워져 모든 억압에서 해방될 것임을 다니엘서는 강조한다.

1. 씨알 고르기

1) 요절 다니엘 7장 21-22절

"내가 본즉 이 뿔이 성도들과 더불어 싸워 그들에게 이겼더니, 옛적부터 항상 계신 이가 와서 지극히 높으신 이의 성도들을 위하여 원한을 풀어주셨고 때가 이르매 성도들이 나라를 얻었더라."

2) 주제: 성도가 받는 고난과 하나님의 위로

2. 뿌리내리기

다니엘서는 당시 고통당하는 이스라엘 백성을 위로하기 위해 종말에서의 하나님 나라와 선의 승리에 대해 언급한다. 다니엘 7장 21-22절은 다음과 같이 말한다.

> 내가 본즉 이 뿔이 성도들과 더불어 싸워 그들에게 이겼더니, 옛적부터 항상 계신 이가 와서 지극히 높으신 이의 성도들을 위하여 원한을 풀어주셨고 때가 이르매 성도들이 나라를 얻었더라.

위 본문은 성도들을 박해하는 세력을 물리치시는 하나님에 대해 말하며, 성도의 원한을 풀어주시고 그들을 위로하실 것을 강조한다. 이스라엘 백성은 바벨론의 포로로 끌려 와 나라도 잃고 주변으로부터 심한 고난을 당하였는데, 하나님께서는 그의 주권을 가지시고 이런 심판의 상황을 회복하시고 이스라엘 백성들에게 은혜를 베풀 것임을 말하신 것이다. 다니엘서는 이 세상을 통치하시는 하나님의 주권을 강조하는데, 특히 아래의 본문들은 이 세상을 다스리시는 하나님께서 자기의 뜻과 의지대로 세상 권력을 좌지우지하심을 계속 반복되는 후렴과 같이 강조하고 있다.

이는 순찰자들의 명령대로요 거룩한 자들의 말대로이니 지극히 높으신 이가 사람의 나라를 다스리시며 '자기의 뜻대로' 그것을 누구에게든지 주시며 또 지극히 천한 자를 그 위에 세우시는 줄을 사람들이 알게 하려 함이라 하였느니라(단 4:17).

왕이 사람에게서 쫓겨나서 들짐승과 함께 살며 소처럼 풀을 먹으며 하늘 이슬에 젖을 것이요 이와 같이 일곱 때를 지낼 것이라 그 때에 지극히 높으신 이가 사람의 나라를 다스리시며 '자기의 뜻대로' 그것을 누구에게든지 주시는 줄을 아시리이다(단 4:25).

네가 사람에게서 쫓겨나서 들짐승과 함께 살면서 소처럼 풀을 먹을 것이요 이와 같이 일곱 때를 지내서 지극히 높으신 이가 사람의 나라를 다스리시며 '자기의 뜻대로' 그것을 누구에게든지 주시는 줄을 알기까지 이르리라 하더라(단 4:32).

> 사람 중에서 쫓겨나서 그의 마음이 들짐승의 마음과 같았고 또 들나귀와 함께 살며 또 소처럼 풀을 먹으며 그의 몸이 하늘 이슬에 젖었으며 지극히 높으신 하나님이 사람 나라를 다스리시며 '자기의 뜻대로' 누구든지 그 자리에 세우시는 줄을 알기에 이르렀나이다(단 5:21).

이와 같이 성도들이 고통과 위험 가운데 있을지라도 하나님께서는 그들을 계속 주시하시고 계시는 것으로, 우리는 그 주님에 대한 신앙을 가지고 오늘의 위기를 극복할 수 있다. 성도가 하나님을 섬기지 않는 군주로부터 어려움을 당하게 될 때, 하나님께서는 이를 간섭하셔서 이스라엘의 구원을 이루시며 이를 통해 이 땅에 하나님의 나라를 성취하시 것에 대한 신앙을 다니엘서는 줄곧 말하고 있다.

이에 우리 성도들을 하나님에 대한 우리의 믿음을 굳세게 할 필요가 있다. 최종적으로 하나님께서는 우리의 편이시라는 것을 믿고, 어떤 박해가 올지라도 신앙을 굽히지 않는 성도들이 되어야 한다. 이에 다니엘서는 이 같은 믿음과 신앙의 중요성을 다음과 같이 말한다.

> 왕이 심히 기뻐서 명하여 다니엘을 굴에서 올리라 하매 그들이 다니엘을 굴에서 올린즉 그의 몸이 조금도 상하지 아니하였으니 이는 그가 자기의 하나님을 믿음이었더라(단 6:23).

다니엘서는 이런 하나님에 대한 믿음을 '그리 아니하실지라도'의 믿음으로 설명한다. "왕이여 우리가 섬기는 하나님이 계시다면 우리를 맹렬히 타는 풀무불 가운데에서 능히 건져 내시겠고 왕의 손에서도 건져내시리이다. 그렇게 하지 아니하실지라도 왕이여 우리가 왕의 신들을 섬기지도 아니하고 왕이 세우신 금 신상에게 절하지도 아니할 줄을 아옵소서"(단 3:17-18). 그들을 풀무불에서 건져내시지 아니 하실지라도 그들은 하나님에 대한 신앙을 버릴 수 없다는 말이다. 이에서 보듯 다니엘서의 신앙은 기복신앙을 뛰어넘는 것으로, 우리에 양이 없고 외양간에 소가 없다고 할지라도 주님을 섬기겠다는 하바국의 무조건적 신앙과 일맥상통한다(하 3:17-18).

다니엘서는 성도들이 고난을 받게 되는 이유와, 그러한 위기 가운데 있는 성도들의 어려움에 간섭하셔서 그들을 구원하시는 모습과 그 구원의 결과에 따른 성도들의 기쁨에 대해 다음과 같이 순차적으로 서술한다.

1) 성도들이 고난당하는 이유

(1) 세상적 삶의 패턴을 거부할 때 핍박을 받는다(단 1:10/ 요 15:18-19 참조). 성경은 먹어야 할 것과 먹지 말아야 할 것들을 구분한다. 선악과, 피, 부정한 음식 등. 음식 절제가 모든 절제에 기본이 된다.

(2) 악마적 정부에 저항할 때 핍박을 받게 된다(단 3:6-7).

(3) 우리의 영성 생활을 지키기 위해 우리는 세상의 핍박을 감수해야 한다(단 6:7-10).

2) 성도들의 어려움을 대한 하나님의 간섭

(1) 먼저 주변의 인간을 통하여 간섭하신다(단 1:9).
(2) 기적을 통해 간섭하신다(단 3:27).
(3) 자연의 지배를 통하여 간섭하신다(단 7:23).

3) 구원의 결과에 따른 성도들의 승리

(1) 지혜를 주시고 그를 높이신다(단 1:15, 19-20).
(2) 하나님의 주권이 드러나게 된다(단 3:28-30).
(3) 심판과 하나님께 영광의 결과가 나타난다(단 6:24-26/ 벧전 4:12-19와 비교)

메대 바사 연합국의 수석총리였던 다니엘이란 이름의 뜻은 '하나님은 심판이시다'이다. 종말의 심판을 통해 인간의 모든 잘잘못이 밝혀질 것으로 끝나지 않으면 아직 끝난 것이 아니다. 그러므로 우리의 모든 삶은 종말의 시야에서 재평가되어야 한다. 예수 그리스도께서 재림하셔서 온 세상을 심판하시는 그날이 이르기 전에는 아무것도 속단해서는 안 된다.

오히려 너희가 그리스도의 고난에 참여하는 것으로 즐거워하라 이는 그의 영광을 나타내실 때에 너희로 즐거워하고 기뻐하게 하려 함이라. 너희가 그리스도의 이름으로 치욕을 당하면 복 있는 자로다 영광의 영 곧 하나님의 영이 너희 위에 계심이라(벧전 4:13-14).

3. 줄기 세우기

<table>
<tr><th>큰 주제</th><th>주제</th><th colspan="2">소주제</th><th>예언의 형식</th><th>쓰인 언어</th></tr>
<tr><td rowspan="4">바벨론 포로 시대, 다니엘의 생애에 있어 주요 사건들이 3인칭 형식으로 기술됨 (2:44이 요절)</td><td>1장 다니엘과 세 친구의 신앙</td><td colspan="2">1장 그들의 채식주의</td><td>개인적 경험</td><td>히브리어</td></tr>
<tr><td rowspan="3">2-6장 기원 전 6-7세기 이방인들을 향한 다니엘의 예언과 계획</td><td colspan="2">2-4장 바벨론의 느부갓네살 왕이 본 환상</td><td rowspan="3">다른 사람들의 꿈을 다니엘이 해석하는 형식</td><td rowspan="4">아람어 (2:4-7:28)</td></tr>
<tr><td colspan="2">5장 바벨론의 마지막 왕 벨사살이 본 환상</td></tr>
<tr><td colspan="2">6장 페르시아(파사)의 다리오 왕의 칙령과 사자굴 속의 다니엘</td></tr>
<tr><td rowspan="6">종말까지의 역사 전개 과정에 대한 묵시가 1인칭 형식으로 기술됨 (7:27이 요절)</td><td rowspan="6">7-12장 이스라엘을 향한 하나님의 예언과 계획: 바벨론으로부터 시작하여 로마, 시리아 지역의 셀류쿠스 왕조 및 세상의 종말에 이르기까지의 역사적 전개에 대한 예언</td><td colspan="2">7장 다니엘이 본 네 짐승에 대한 환상</td><td rowspan="6">다니엘의 꿈을 천사가 해석하는 형식</td></tr>
<tr><td colspan="2">8장 수양과 수염소 그리고 뿔에 대한 환상</td><td rowspan="5">히브리어</td></tr>
<tr><td colspan="2">9장 70이레 (70×7=490년)의 환상</td></tr>
<tr><td rowspan="3">10-12장 이스라엘의 먼 미래에 대한 환상</td><td>10장 힛데겔(티그리스) 강가의 환상</td></tr>
<tr><td>11장 남방왕과 북방왕</td></tr>
<tr><td>12장 종말 시 고난의 때에 대한 환상과 책의 인봉</td></tr>
</table>

4. 가지 뻗기

다니엘서는 묵시문학에 속한 성경이다. 우리는 이 다니엘서를 예언서의 하나로 구분하였지만, 히브리어 성경에서는 시가서(성문서)의 하나로 분류한다. 묵시문학 또는 묵시록들은 고난당하는 성도들을 위로하기 위해 쓰인 책으로, 하나님의 종말에 대한 경륜과 최후의 심판에 대해 펼쳐 보여줌을 통해 성도를 위로하고 종국에 가서는 성도들이 승리하며 하나님 나라의 통치가 이 땅에 실현됨을 강조한다. 이러한 묵시문학에 속하는 성경으론 다니엘서를 위시하여 요한계시록, 이사야 24-27장, 요엘 3장, 스가랴 9-14장, 마태복음 24장 등이 있다. 이런 묵시문학의 책들은 성도가 받는 고난과 하나님의 위로를 상징이나 은유의 표현을 빌어 많이 묘사하는데 이를 해석 함에 있어 절제가 필요하다.

우리는 다니엘서에서 네 가지의 시점을 공시적으로 갖는다. 바벨론 포로 이후 시대의 이스라엘 백성이 경험하였던 역사적 시점, 다니엘서가 쓰일 당시의 역사적 시점, 오늘 우리가 사는 이 시대의 시점, 그리고 이 세상 종말의 시점으로, 이 네 시점이 종말의 초월적 시점에 의해 엮여 하나의 시야를 우리에게 제공한다. 우리는 이스라엘 백성들의 바벨론 포로 이후의 수난사를 읽으며 그 사건이 종말론적 사건임을 파악하게 되며, 그러한 종말론적 시야가 당시의 이스라엘 신앙 공동체에 미친

구체적인 영향을 분석하면서, 오늘의 우리의 입장을 투영하게 된다. 프리즘을 통과하면 빛이 오색의 무지개로 나타나는 것과 같이, 우리는 빛 되신 예언의 말씀을 매 순간, 매 시대에서 다양한 색깔로 읽게 된다는 것이다. 이에 있어 다니엘서의 예언의 내용이 두 가지로 해석되는데, 2천 년 전의 예수 그리스도의 초림까지의 역사만이 다니엘서에서 예언되었다는 견해와 예수 그리스도의 재림까지의 역사가 이 책에서 예언되었다는 견해가 있다. 우리는 이 두 가지의 내용을 모두를 포괄하여 종말적 시각에서 재정리할 수 있을 것이다. 다니엘서에 나타난 환상들이 어떤 시대에 대한 예언인가를 다음의 표와 같이 정리할 수 있다. 아래의 표를 보면 다니엘서 2장에서의 내용이 7-12장에 다시 반복되어 나타나는 것을 보게 된다.

다니엘서에 나타난 환상으로서의 예언들	예언(환상)이 언급하는 시대	부가적 설명	비고
2-4장 바벨론의 느부갓네살 왕이 본 환상 5장 바벨론의 벨사살 왕이 본 환상 6장 메대 사람 다리오 왕의 칙령과 사자굴 속의 다니엘	이 부분은 다니엘과 세 친구의 삶의 경험을 다룬 내용으로, 각 왕들의 환상이 가까운 미래에 어떻게 실현될 것인가를 다니엘이 해석한 예언들로서 단기적 예언들이다.	벨사살은 신바벨론 제국의 마지막 왕이며, 이를 이은 페르시아 제국의 창건자는 고레스(키루스)다.	
7장 다니엘이 본 네 짐승에 대한 환상(2장에 나오는 큰 신상의 내용과 연결되어 있다.)	사자 같음: 바벨론 제국, 곰: 메대 바사(메디아+페르시아) 연합국, 표범: 헬라(그리스) 제국, 무서운 짐승: 로마 제국	사자는 특히 느부갓네살 왕을 말한다. 곰을 메대 제국으로 보고, 표범을 페르시아 제국으로 보통 해석된다. 이럴 경우 무서운 짐승은 헬라 제국이 될 것이다.	메대는 민족 이름이고 메디아는 그들이 세운 나라 이름이다. 이 네 짐승의 환상은 2:32-33의 본문과 연관되는데, 여기서 머리, 가슴과 팔, 배와 넓적다리, 종아리와 발은 각각 바벨론 제국, 메대 바사 연합국, 페르시아 제국, 헬라 제국을 상징한다고 본다.

8장 을래 강변의 묵시: 두 뿔 가진 수양과 수염소 대한 환상	두 뿔 가진 수양: 메대+바사 연합국(8:20), 수염소: 헬라 제국(8:21, 알렉산더 대왕)	8장 5절은 수염소가 온 지면을 두루 다니는 것으로 말하는데, 이는 알렉산더 대왕의 세계정복을 말하는 걸로 보인다.	8:9엔 한 작은 뿔이 나타날 것이라 말하는데, 이는 셀류쿠스 왕조 제8대 왕인 안티오쿠스 4세 에피파네스를 일컫는 것으로 생각된다.
9장 가브리엘이 다니엘에게 전한 70이레(70×7=490년)의 환상	이스라엘 민족의 바벨론 포로 귀환으로부터 예수 그리스도의 재림까지를 70 이레로 나누어 예언함	이 내용을 예수 그리스도의 초림까지만의 예언으로 해석하는 학자들도 있다.	가장 장기적인 예언이다.
10-12장 힛데겔(티그리스) 강가에서의 장기적인 대묵시록	10:1-19 바벨론의 힛데겔 강가에서의 일련의 예언: 페르시아의 고레스 왕 시대부터 안티오쿠스 4세 에피파네스 시대까지		
	10:20-11:4 네 명의 페르시아 왕과 헬라 제국의 성립과 분열에 대한 역사	역사의 주관자는 선한 의지를 가지신 하나님이시다.	8장의 예언과 부분적으로 일치
	11:5-20 프톨레미 왕조(남방 왕)와 셀류쿠스 왕조(북방 왕) 사이의 여러 번의 전쟁에 대해 다룸		
	11:21-45 안티오쿠스 4세 에피파네스의 큰 핍박에 대한 예언	종말 시 적그리스도의 득세에 대해 강조	
	12:1-13 말세의 대환란과 최후의 심판에 대한 예언	예언의 인봉을 말하며, 종말을 편안한 마음으로 기다릴 것을 말함(단 12:12-13)	

5. 꽃으로 피어나기

다니엘서는 총 12장으로 구성되어 있는데, 그중 2-7장은 아람어로 나머지는 히브리어로 쓰여 있다. 포로기 이후 고대 중근동의 국제 통용어인 아람어(시리아어)로 쓰인 부분은 당시 근동 지역의 여러 민족들을 위한 예언들이며, 히브리어로 쓰인 부분은 배타적으로 이스라엘 백성들을 위한 예언들이라 할 수 있다. 다니엘서는 하나님께서 이스라엘만을 위한 민족신이 아니시며, 전 인류를 위하시며 세상을 모두 통치하시는 보편적 신이심을 강조한다. 하나님의 통치는 안 미치는 곳이 없으신바, 어느 나라라도 하나님의 뜻에 따라 폐하여질 수 있으며 하나님의 은혜 안에 다시 일어날 수 있음을 다니엘서는 말한다. 바벨론의 왕 느부갓네살은 다니엘이 자신에게 한 예언의 말씀이 그대로 이루어진 것을 보고 유대인의 하나님 여호와에게 영광을 돌리며 그를 믿는 신앙인이 되었음을 다니엘서는 다음과 같이 언급한다.

> 그 기한이 차매 나 느부갓네살이 하늘을 우러러 보았더니 내 총명이 다시 내게로 돌아온지라 이에 내가 지극히 높으신 이에게 감사하며 영생하시는 이를 찬양하고 경배하였나니 그 권세는 영원한 권세요 그 나라는 대대에 이르리로다. 땅의 모든 사람들을 없는 것 같이 여기시며 하늘의 군대에게든지 땅의 사람에게든지 그는 자기 뜻대로 행하시나니 그의 손을 금하든지 혹시 이르기를 네가 무엇을 하느냐 고 할 자가 아무도 없도다. 그 때에 내 총명이 내게로 돌아왔고 또 내 나라의 영광에 대하여도 내 위엄과 광명이 내게로 돌아왔고 또 나의 모사들과 관원들이 내게 찾아오니 내가 내 나라에서 다시 세움을 받고 또 지극한 위세가 내게 더하였느니라. 그러므로 지금 나 느부갓네살은 하늘의 왕을 찬양하며 칭송하며 경배하노니 그의 일이 다 진실하고 그의 행하심이 의로우시므로 교만하게 행하는 자를 그가 능히 낮추심이라(단 4:34-37).

이런 입장에서 다니엘서는 기독교를 세계화하였던 구약의 이사야서, 요나서 등과 같은 입장을 견지하는 것이다. 사자굴 사건 이후 페르시아의 다리오 왕은 하나님의 능력을 체험한 후 온 백성에게 하나님을 경외할 것을 선포하였다.

> 내가 이제 조서를 내리노라 내 나라 관할 아래에 있는 사람들은 다 다니엘의 하나님 앞에서 떨며 두려워할지니 그는 살아 계시는 하나님이시요 영원히 변하지 않으실 이시며 그의 나라는 멸망하지 아니할 것이요 그의 권세는 무궁할 것이며, 그는 구원도 하시며 건져내기도 하시며 하늘에서든지 땅에서든지 이적과 기사를 행하시는 이로서 다니엘을 구원하여 사자의 입에서 벗어나게 하셨음이라 하였더라(단 6:26-27).

이상과 같이 다니엘서는 하나님께서 유대인의 하나님이 될 뿐 아니라, 이방인의 하나님도 되심을 강조한다(롬 3:29 참조). 그는 이스라엘의 운명과 동시 제국의 흥망성쇠를 좌우하시는 분으로 그를 의지하는 자에게 승리를 주시고, 그를 경홀히 여기는 자들에겐 심판의 칼이 준비되어 있음을 말하면서 당시의 고난당하는 이스라엘 백성을 위로하였다.

6. 열매 맺기

서두에서 언급하였듯이 다니엘서는 우상 숭배하는 권력으

로부터 박해를 받는 성도들을 위로할 요량으로 쓰인 책이다. 당시 그들이 받은 고통이 어떠하였냐는 것은 풀무불과 사자굴 사건을 통해서도 여실히 느낄 수 있다. 로마 시대에 성도들이 사자의 밥이 되고, 십자가에 달리며, 돌팔매질을 당하였던 것과 같이, 다니엘 당시에도 우상 숭배하는 이민족들에 의해 그들이 신앙을 지키기 어려웠던 것이다.

욥기와 같은 책은 상당히 개인적인 고난의 의미에 대해 숙고하고 있지만, 이 다니엘서나 요한계시록 등은 하나의 묵시문학으로서 집단적 박해의 문제에 대해 다루고 있다. 오늘날에도 이런 집권적 권력에 의한 박해들이 세계 곳곳에서 일어나고 있는데, 북한을 위시한 공산주의 국가, 이슬람 국가, 기타 독재 권력이 국가를 사로잡고 있는 곳에서 이런 일들이 동일하게 벌어지고 있다. 누가 뭐라고 하여도 신앙과 종교 선택의 자유가 없다면 그런 나라들은 기본적 인권이 보장된 나라라 할 수 없다. 대개 종교 선택의 자유가 없는 나라들은 독재적 국가들로서 그런 나라에 사는 백성들의 삶이란 이전 다니엘 시대나 요한계시록 시대의 삶과 진배없다.

이와 같이 기독교 신앙을 지키기 위해 목숨을 걸어야 하는 상황에서 하나님께서는 그런 정부들의 권력에 개입하셔서 그의 위엄과 힘을 보이고 계시며, 묵시문학의 형태로 백성들에게 희망과 위로를 주셨다. 성도들은 고난의 와중에서 하나님께서 주시는 환상(vision)과 신탁(oracle)을 받고 있다. 자신의 생활 중에서 영적인 환상이 보이고 누가 속삭이는 것 같은 소리가 들린다면 그것은 하나의 비상한 사건이라 할 수 있다. 눈에 귀신과 천사가 보이고 나에게 말을 거는 영적인 존재를 맞닥드리는 일은 평범치 않은 일로서, 나 같으면 그런 일을 사양하였을 것 같다. 하지만 예언자는 그런 계시의 발현에 자기를 맡기고 있으며 그를 통해 미래에 대한 예지력을 얻고 있는 것이다.

인간이 고통 가운데에서 가장 알고 싶은 일은 이런 고통의 기간이 언제까지 계속되는가 하는 것이다. 역사의 종국에서 누가 승리자가 되며 누가 패망자가 되는가를 미리 아는 것만큼 중요한 일은 없다. 이에 있어 구약 성경은 이런 일을 예언자의 예언을 빌려 해소하고 있다. 우리는 역사의 종국을 여러 방법을 통해 헤아릴 수 있다. 과거 우리의 조상들은 점성술을 통해 이런 일을 수행하려 하였고, 기타 여러 주술에 의해 미래의 일들을 알아내려고 하였으며, 최근에는 통계를 바탕으로 한 미래학을 통해 이런 일들을 시도하기도 한다.

그러나 성경은 이런 미래에 대한 예지를 전능하신 하나님의 말씀을 통해 얻으려 한다. 우리는 과거의 역사를 살펴 그 교훈을 찾아내고 이를 통해 현재의 이런 상황이 미래에 어떻게 전개될 것인지를 예단할 수 있게 된다. 이 같은 지난 역사에 대한 해석은 과거의 역사와 현재의 역사를 대화케 하는 것으로, 모든 역사가 다 현세사와 연관되는 것임을 우리는 깨닫게 된다. 과거 역사를 이해하면 미래 역사가 보인다. 이에 있어 성경은 우리에게 이스라엘이 경험한 광범위한 역사적 경험과 그에 대한 해석을 통해 역사의 길을 알려 주고 있는데, 우리는 이 같은 말씀에서 우리의 미래를 바라볼 수 있을 것이다.

오늘의 신약시대에도 예언은 계속될 수 있으나, 우리는 이런 예언에서 알 수 있는 것보다 더 명확한 미래를 말씀이 비춰진 예지를 통해 얻을 수 있다. 우리는 신약에 계시된 예수 그리스도께서 종말의 역사를 오늘 우리의 삶에 끌고 들어오신 것을 믿는다(계 1:8, 21:6). 어떤 환상이나 신탁의 속삭임이 없고 그런 초현실적인 현상이 나타나지 않는다 하여도 우리는 그리스도 안에서 미래의 길을 깨달을 수 있는 것으로, 종말의 상황에 대한 이해를 위해 비상적 현실을 꼭 가지고 올 필요는 없다(마 1:22).

이에 있어 다니엘서의 전략은 이렇다. 다니엘서는 먼저 6장까지에서 느부갓네살 왕과 벨사살 왕에 대한 단기적 미래에 대한 예언을 하고 있으며, 그 예언이 역사 가운데 이루어짐을 말한다. 다니엘의 예언이 거짓이 아니며 미래에 이루어지는 일임을 단기적 예언을 통해 증명하는 것이다. 이후 7-12장에서 다니엘은 장기적 예언에 대해 말하고 있는바, 이것의 실현 가능성에 대한 신뢰는 앞의 단기적 예언의 성취 결과를 통해 보장받게 된다. 이러한 다니엘서의 노력은 종말을 역사 가운데 끌어드린 예수 그리스도의 사건에 맞닿아 있는데, 이를 통해 전 역사의 미래가 종말적으로 우리에게 밀려 들어 오고 있는 것이다. 우리는 예수 그리스도라는 터널을 통해 밀려오는 종말의 빛들을 온몸으로 맞고 있는 것으로 그러한 빛의 조명을 받아 오늘의 역사 현상들을 이해하게 되는 것이다(요 1:7).

특히 성경 중 요한복음은 이와 같은 예수 그리스도에 의해 선취된 종말에 대한 강조를 많이 하는데, 예수께서 오심으로 종말에 있어 일어날 심판이 이미 도래하였음을 말함과 동시, 믿는 자는 이미 영생을 얻게 되었음을 언급한다(요 3:18, 5:24), 우리는 이와 같이 그리스도 안에서 종말의 새 아침을 맞고 있는 것이다. 물론 이런 실현된 종말론의 입장은 미래에 재림하여 세상을 심판하실 그리스도의 모습을 약화시키는 것이 아니며, '아직 아니'와 '이미' 사이의 균형을 유지하는 것이 중요하다. 이에 우리는 그리스도의 시점에서 전 역사의 전말을 바라볼 수 있어야 하며, 그 빛 가운데 오늘의 현실을 다시 바라볼 수 있어야겠다. 그리스도의 초림과 함께 이 지상에 하나님의 나라가 도래하였다는 말은 종말의 도래를 의미하는 것으로 그 종말의 선취로 말미암아 이 땅의 모든 사람들이 심판을 받는 것이다. 그러한 하나님 나라의 도래는 우리의 노력으로 이뤄지는 것이 아니며, 그리스도의 오심과 함께 하나님의 손에 의해 이루어지는 것임을 다니엘서는 반복하여 강조한다(7:13-14, 8:25).

기독교는 영원자로서의 그리스도께서 시간성의 제약하에

있는 인간 세상에 뛰어든 사건을 역사의 핵으로 본다. 신이면서 동시에 인간이자 영원자이면서 동시에 시간성 속에서 살았던 자 예수 그리스도께서는 우리의 역사 탐구 희망을 성취하신 분이시다. 이러한 영원과 시간성의 접촉점으로서의 예수 그리스도의 성육신 사건을 우리는 카이로스(kairos)라고 언급하며, 우리는 이 카이로스의 시점을 통하여 역사를 재조망해야 한다. 유대주의는 이 시간과 영원의 접촉지점을 파루시아(parousia)로 보는 반면, 기독교는 그러한 중간점(midpoint)이 예수 그리스도에게 돌려진다고 말한다. 그러함에 이 예수 그리스도께서는 역사의 중심으로서 그의 초림과 재림 사건의 시야에서 우리는 모든 역사를 재해석해야 한다. 그 예수 그리스도께서는 역사의 알파와 오메가로서 우리는 그의 계시와 말씀 안에서 영원까지 펼쳐진 미래를 바라보게 되는 것이다.

7. 열매 나누기

1) 우리나라 초기 선교 시 기독교인들이 핍박을 받은 이유는 무엇 때문인지 논의하여 보자.

2) 오늘 우리의 시대에 종교적 박해의 모습은 없는지 살펴보자.

3) 기복신앙을 비판하여보자.

4) 선과 악이 갈등이 고조될 때 하나님 통치의 능력이 나타나게 된다. 그러한 역사의 모습들을 예를 들어 설명해보자.

5) 인간이 세운 나라와 하나님의 나라 사이의 관계에 대해 말하여보자.

8. 참고문헌

1) 박동현. "뜻을 세운 다니엘," 『기독교사상』, 제447호 (1996. 3.), 242ff.

2) 왕대일. 『묵시문학연구: 구약성서 묵시문학 다니엘서의 재해석』. 서울: 대한기독교서회, 1994.

3) 이상근. 『구약성서주해: 에스겔. 다니엘』. 대구: 성등사, 1993.

4) Goldingay, John. 『다니엘』 (WBC 성경주석 30), 채천석 역. 서울: 솔로몬, 2008.

5) Porteous, Norman. 『다니엘』 (국제성서주석 24), 박철우 역. 서울: 한국신학연구소, 1987.

6) Wallace, Ronald S. 『땅과 시간을 넘은 하나님의 주권』, 황정일 역. 서울: 기독지혜사, 1987.

7) Collins, John J. & Cross, Frank Moore. *Hermeneia: Daniel: A Commentary on the Book of Daniel.* Minneapolis: Fortress, 1993.

8) Miller, James E. "The Redaction of Daniel," *Journal for the Study of the Old Testament,* vol. 52 (1991. 12.), 115-124.

9) Rhodes, Arnold B. "The Kingdoms of Men and the Kingdom of God," *Interpretation,* vol. 15 no. 4 (1961. 10.), 411ff.